_____ 님께

경쟁력 있는 내일을 위한
좋은 지침서가 되길 기원합니다.

_____ 년 _____ 월 _____ 일

회의가 경쟁력이다

회의가 경쟁력이다

초판 1쇄 인쇄 2008년 5월 1일
초판 3쇄 발행 2010년 7월 21일

지은이_ 김영안 · 신상인 공저
펴낸이_ 전익균

기획_ 송영욱, 임상현, 김미화
마케팅_ 오정민, 김태욱   경영지원_ 최정란, 최예란
디자인_ 김희숙, 이호영   교정, 교열_ 이미순

찍은곳_ 예림인쇄   출력_ 스크린   제본_바다제책

펴낸곳_ (주)새빛에듀넷
주소_ 서울 강남구 역삼동 723-28 영빌딩 1, 2층
전화_ 02-3442-4393~4   팩스_ 02-3442-6771
e-mail_ svinvest@hanmail.net   홈페이지_ www.assetclass.co.kr
등록번호_ 제16-4043호   등록일자_ 2006. 11. 28

값 10,000원

ISBN 978-89-92873-19-2 (03320)

*잘못 만들어진 책은 구입하신 곳에서 바꾸어 드립니다.

회의가
경쟁력이다

김영안 · 신상인 공저

SAMSUNG
CONFERENCE

도서출판 새빛
AEVIT

관료적 회의문화를
창조적 회의문화로 바꾸자

"회의를 왜 하는지 모르겠다.

회의 때문에 못살겠다.

회의 때문에 우리 회사 망한다."

우리 주변엔 회의에 대해 부정적인 시각이 많다.

회의가 조직 내의 커뮤니케이션을 원활하게 하고 의사결정에 중요한 역할을 하지만 이렇게까지 회의에 대해 부정적인 것은 왜일까?

이는 관료주의적인 회의가 관행적으로 반복되고 있기 때문이다. 우리 기업의 회의 스타일을 보면 거의 군대식이다. 과거의 군대식 회의 같은 브리핑과 지시 일변도이다. 내용이나 형식을 보면 과거와 조금도 달라진 것이 없다. 끝없이 반복되는 보고, 사사건건이 잘못을 지적하는 상사, 쏟아지는 질책이 우리의 회의 모습이다.

실무자들은 "회의에 가면 깨진다.", "깨지지 않으려면 자료를 잘 만들어야 한다."고 하며 화려한 자료를 만드는 데 열정을 바친다. 그동안 맥킨지와 같은 유명한 컨설팅 회사의 컨설턴트들이 만든 자료를 여러 번 보아왔던지라 회의자료를 만드는 수준은 컨설턴트 수준이다.

파워포인트로 수십 장씩 자료를 만들어서 발표연습까지 한다. 회의장에 가보면 불을 어둡게 해놓은 가운데 화려한 프레젠테이션 경연장 같다. 실제 내용은 빈약한데 자료는 화려하고 프레젠테이션 실력은 뛰어나다.

여러 개 부서가 이렇게 시간을 보내다 보면 3~4시간이 휙 지나가고 토의는 없이 회의는 끝나버린다. 토의된 내용도 별로 없고 의사결정한 것도 없다. 이렇게 몇 주 동안 비슷한 문제를 가지고 회의는 계속된다. 기존의 문제는 해결된 것이 없고 또다시 새로운 문제는 쌓여간다.

실무자들은 회의자료를 만들려고 밤새워 일했지만 아무

것도 결정된 것이 없고 실행한 것도 없이 말장난만 계속된다. 이쯤 되면 "회의 때문에 회사 망한다."라는 말이 나올 만하다. 열심히 일하는 것도 중요하지만 효과적으로 일하는 것은 더 중요하다.

회사생활 중에 20% 정도가 회의라고 할 정도로 많은 사람이 회의에 시간을 뺏긴다. 결국 회의를 효과적으로 진행하고 생산적인 일로 만드는 것이 조직의 경쟁력을 올리는 일이라 할 수 있다. 따라서 어떻게 하면 회의를 조금 더 잘할 수 있을까를 고민하고 초일류 기업의 회의법에 관심을 갖게 된다.

특히, 해외보다는 국내의 "삼성은 어떻게 회의를 하는 것일까?"가 궁금해진다. 삼성이라고 특별히 다른 형태의 회의를 하는 것은 아니다. 그러나 회의를 준비하고 진행하는 방식에서 다른 회사와 차이점이 있다. 다른 회사의 회의 스타일이 관료적이라면 삼성의 회의 스타일은 창조적이다.

삼성도 한때에는 관료적 스타일의 회의였으나 지난 20여 년 동안 회의문화 개선을 노력하여 지금은 다른 회사보다

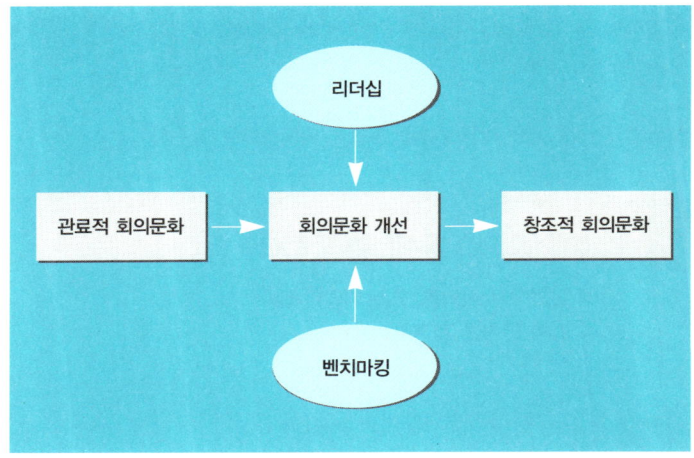

〈삼성의 회의 스타일〉

의사결정이 빠르고 실행력이 높다.

　이 책은 삼성이 관료적 회의문화를 어떻게 창조적 회의문화로 바꾸어 나갔는지에 대한 과정과 사례를 소개하고 있다. 또 리더의 회의문화 개선에 대한 강력한 의지와 조직원들의 개선활동을 다루고 있다.

　그리고 삼성이 회의문화 개선을 위해 벤치마킹했던 해외기업의 회의 스타일에 대해서는 부록으로 소개하고 있다.

Contents

CONFERENCE

Part 1

회의의
기본에 충실하라

Chapter 01

회의적인 회의를
하는 기업이 많다

농부에겐 농토가 있고, 노동자에겐 기계가 있으며, 사업가에게는 회의가 있다.

인텔(Intel)의 전 회장인 앤드류 그로브(Andrew Globe)는 "인텔의 관리자들과 전체 근무시간의 25% 이상을 미팅에 소모하고 있다. 인텔에서의 미팅은 미팅의 종류에 따라 명확히 그 목표 수준과 참석자들의 역할이 정의되어 있고, 미팅을 통해 의사결정이 이루어지거나 정보 전달이 이루어지고 있어 가치를 창출한다고 믿고 있다."고 말했다.

이처럼 회사가 성장하는 데 회의는 필수적이며 기업활동에 있어서 회의가 중요하다. 우리 기업들의 회의 스타일은 어떠한지 알아보자.

회의가 많다

엄격한 사장이 한심한 부장을 사장실로 불러 업무를 의논했다.

엄격한 사장 : 최근 회의를 어떻게 하고 있지요?

한심한 부장 : 사실 이런저런 회의가 너무 많기 때문에 무척 바쁜 상태입니다.

엄사장 : 어떻게 그렇게 됐지요?

한부장 : 직원이 늘어나 회사조직이 커지다 보니 그리되었습니다.

엄사장 : 음, 그렇군요.

한부장 : 앞으로도 인원은 계속해서 늘어날 것 같은데 그러면 더 심각해지겠는데요.

엄사장 : 왜 그렇지요?

한부장 : 조직이 점점 커지므로 다층화 되어서 회의가 많아지고 있습니다.

엄사장 : 조직의 다층화가 회의의 증가원인이라?

한부장 : 예 그렇습니다.

엄사장 : 좋은 방도가 없을까요?

한부장 : 다른 회사도 비슷한 현상을 겪고 있습니다.

엄사장 : 음.

한부장 : 근무시간의 80% 이상을 회의로 보내고 있습니다.

엄사장 : 그렇다면 '회의 대책을 위한 회의'를 준비하십시오.

한부장 : 예?

회의가 길다

오늘도 회의는 계속되었다. 결론 없이 지루하게 회의가 열리고 있었다.

나서기 대리 : 어제 한 회의는 잘된 건가요?

한심한 부장 : 무슨 말인가?

나대리 : 아니, 아무 결론도 없이 끝나도 괜찮은가 해서요.

한부장 : 왜, 어때서? 회의라고 해서 꼭 매번 결정사항을 발표해야 하는 것은 아니잖아?

나대리 : 물론 그렇지요.

한부장 : 어제 회의에서는 따로 정한 게 없지 않은가?

나대리 : 바로 그거예요. 정한 게 없다는 것이 큰 문제잖아요.

한부장 : 굳이 따진다면 그렇지.

나대리 : 오늘 회의의 목적과 무엇을 결정해야 할 것인가를

정확히 인식하지 않고 하는 회의는 아무 의미가 없지 않은가요?

한부장 : 찬성은 하지만 조직 내에서 이해와 공감을 얻기가 어디 쉬워야 말이지.

나대리 : ….

회의자료가 많다

회의가 시작되기 2분 전, 나서기 대리는 헐레벌떡 회의실로 들어와 자료를 나누어주었다. 아슬아슬하게 회의가 시작되기 전에 주어진 임무를 마칠 수 있어 안도의 숨을 쉬고 있는데 한부장의 불호령이 떨어졌다.

"나대리, 지금 나누어준 자료를 다 거둬들이시오! 도대체 지금 나누어주면 회의를 어떻게 진행하라는 거요. 다시 회의시간을 잡도록 하시오."

나대리는 준비해야 할 회의자료가 너무 많아 밤새 작업을 해 겨우 회의시간 전에 마칠 수가 있었다. 그렇게 자료를 열심히 준비했지만 시기가 '너무 늦은 것'이었다.

의사결정이 되지 않는다

오늘도 회의를 하는데 진행이 매끄럽지 못하다. 회의가 엉뚱한 방향으로 가고 있다. 회의시간은 10시까지로 정해져 있는데 지금이 9시 55분이다.

회의 도중에 불쑥 불거져 나온 문제에 대한 입씨름으로 회의시간의 절반을 허비했다. 목표 배정에 대한 강한 반발로 분위기는 더 악화된 것이다. 대부분의 참석자가 팀의 목표에 동의를 하지 않았다. 반면, 부장은 자신의 생각을 팀에게 전달하되, '명령'으로 토론을 마무리하려 했다.

한부장이 기획실 직원들과 예산절감 방안에 대해 회의를 하고 있다.

한심한 부장 : 사장님으로부터 향후 3개월 안에 경비를 15% 절감하라는 지시를 받았습니다. 물론 모두 어렵지만 하지 않으면 안 됩니다. 그래서 그동안 지급했던 간식을 줄이기로 했습니다. 또한 격주 토요일은 교대로 특근을 해 생산을 올리기로 했습니다. 어떻게 생각하나요, 나대리?

나서기 대리 : (기계적으로 고개를 끄덕이면서) 네, 그렇게 하도록 하지요.

한부장 : 천방지는 어떤가?

천방지 : (신중하게) 글쎄요, 경비를 줄이는 것은 좋지만 간식비를 줄이는 것은 조금 고려해 봐야 할 것 같습니다. 경비절감 효과는 적은데 사기를 떨어뜨릴 것 같아서….

한부장 : (가로막으며) 그건 그렇지만 경비를 줄이기 위해서는 어쩔 수 없잖은가? 박대리 생각은 어때?

박대리 : 저도 천방지와 의견이 같은데요. 더구나 휴일 특근은 좋아하지 않을 것입니다.

한부장 : (자기변호를 하듯이) 무슨 소리야! 다른 방도가 없잖소. 모두들 싫어하는 것은 알지만 이 방법밖에 없잖소. 나대리는 어때?

나대리 : 경비절감보다는 생산성 증가가 더 시급하지 않을까요?

박대리 : (달려들듯이) 생산성이 증가 운동을 한다고 높아집니까?

천방지 : 그 점은 저도 마찬가지라고 생각합니다.

한부장 : (끼어들며) 나대리 말대로 생산성 증가 방안을 내보시오. 나는 서류를 정리할 테니 자네들은 오늘 회의에서 결정된 사항을 전 직원에게 알려주게. 이것으로 회의를 마치겠네.

실행되지 않는다

아무리 회의를 해도 똑같은 실수를 반복하며 중심이 없는 회의가 계속된다.

한심한 부장 : (개회인사) 여러분 안녕하십니까? 조금 전 엄격한 사장님께 연락을 받았는데 급한 용무가 있어 참석을 못하게 되었습니다. 현재 회사의 문제점을 파악해 보고해 달라고 하셨기에 여러분의 의견을 듣고자 합니다. 의견이 있으신 분?

나서기 대리 : (대화의 계기를 만들기 위해) 현재 작업에 불량이 나고 있는데 그것이 문제라고 봅니다.

박대리 : (그의 반응에 대해) 좀 더 적극적인 감독이 필요합니다.

천방지 : (냉소적으로) 그런 시도는 수없이 해왔지요. 그렇지만 잘 안되지 않습니까?

한부장 : (화가 나서) 안되는 게 당연한 것 아닙니까? 맨날 말로만 하니까.

나대리 : (이야기를 진전시키려고) 하여간 문제는 문제 아닙니까?

유대리 : (느닷없이) 참, 지난번 경진대회 시상 건은 어떻게 됐지요?

조직 스트레스만 늘어간다

엄격한 사장 : '최저 예산으로 최대 효과를' 이 우리의 모토입니다.

한심한 부장 : 하지만 품질을 중시하면 비용이 올라가고 비용을 낮추면 품질이 떨어지는 것이 현실입니다.

나서기 대리 : 두 분 말 중 어느 것이 맞나요?

한부장 : 정답은 없습니다. 어느 것을 선택하느냐가 문제이지요.

엄사장 : 그렇다면 어디에서 답을 찾지요?

나대리 : 비용과 품질의 상관관계를 뒤집어 보면 답이 나오지 않을까요?

한부장 : 그게 가능합니까?

엄사장 : 현실을 타개하는 개혁이 필요하지요.

한부장 : 마치 선문답을 하는 것 같군요.

나대리 : 말 그대로입니다. 회의비용을 줄이면서 의결내용을 높일 수 있는 방안이 생각났습니다.

엄사장 : 그게 뭡니까?

나대리 : 새로운 회의 시스템입니다.

지금까지 상황은 우리 기업에서 흔히 볼 수 있는 광경이다.

보수적인 사장인 엄격한 사장, 상사에게는 아부를, 부하에게는 질책을 하는 줏대 없는 한심한 부장, 항상 일을 벌이고 나서는 중견사원인 나서기 대리 그리고, 천방지축 철없는 신입 여직원 천방지 사원이 근무하는 중소기업에서 빈번히 일어날 수 있는 회의 상황 시나리오다.

아이디어를 내놓으라는 사장의 엄포에 식은땀을 흘리는 회의시간, 하릴없이 볼펜이나 돌리고 있는 사람, 행여 눈이라도 마주칠까 회의 내내 고개를 들지 않는 사람들….

이것이 우리 기업들의 회의 스타일이다.

"회의가 너무 많아.", "보고서를 받지 못했어.", "지난 번 회의에 참석하지 못했어.", "이야기를 해보았자 듣는 사람도 없는데, 뭘.", "너무 오래 걸린다.", "의견을 내보았자 별 소용이 없다.", "회의를 해보았자 업무에 반영되지도 않는다."

거의 매일 직장인들이 내뱉는 불평이다. 회의에 대한 불평의 종류는 끝도 없다.

너무 잦은 회의, 시간 낭비, 제시된 해결책의 미미한 적용, 회의에 적극적으로 참여해 보았자 정작 아무런 반응도 얻지 못해 에너지 낭비였다는 생각, 참가자들의 좌절감, 거의 지켜지지 않는 회의시간, 회의시 활용할 보조재 부재, 회의목표에 맞지 않는 보고서, 늦어진 보고서 전송, 회의 점검이 이루어지지 않고 다음 회의는 전혀 준비하지 않는 점 등.

한 채용정보업체가 최근 직장인 1,455명을 대상으로 조사한 결과, 직장인 10명 중 7명은 '회의 스트레스'를 받고 있는 것으로 나타났다.

스트레스를 받는 이유로는 '어차피 몇 명이 독단적으로 결정을 내리는데, 회의에 억지로 참석해야 해서'(23.8%)라는 답이 가장 많았다.

이어 '좋은 의견을 내야 한다는 압박감'(18.8%), '길어지는 회의시간'(16.8%), '미리 힘들여 준비해야 해서'(11.8%), '내 의견에 반대하는 상사, 부하 직원이 짜증나서'(7.6%) 등의 답변이 있었다. '회의에서 늘 상사에게 깨져서', '회의가 너무 잦아 업무에 방해돼서' 등을 이유로 꼽은 직장인도 있었다.

한편 회의 스트레스를 받는 이유가 직급별로 차이가 나서 눈길을 끌었다. 사원부터 차장까지는 '억지로 참석해야 하기 때문'이라는 답이 많았던 반면 부장급들은 '좋은 의견을 내야 한다는 압박감'을 가장 큰 이유로 들었다.

하지만 회의는 기업 활동에 있어서 매우 중요한 업무이며 행사이다. 기업에서는 효과적인 운영을 위한 방향을 잡기 위해 '회의'를 하게 된다. 회의를 통해 진행의 중심을 재정립하고, 새로운 업무에 대한 틀을 마련하게 되고 아울러 여러 의견을 모으고 정리한다. 회사 업무 중에서 제일 필요한 것 중에 하나가 회의인 것이다.

회의라는 것은 직장인이 자기의사를 표현하는 방법 가운데 하나이다. 그래서 회의를 하는 것이다. 그리고 회의에서 얻을 수 있는 성과는 '의사소통'과 조직으로서의 '의사결정'이다.

경영학의 대가인 피터 드러커(Peter Drucker)는 회의에 대해 다음과 같이 언급한 적이 있다.

"조직이 잘못 짜여 있으면 회의에 그대로 나타난다. … 목표를 달성하는 경영자들은 '우리가 회의를 개최하는 이유가 무엇인가?', '무슨 결정을 내리려고 하는가?'를 정확하게 알고 이해시켜야 한다."

국내 한 조사기관에 의하면, 직장인 10명 중 8명은 현재 회의를 절반가량 줄여도 괜찮다고 생각하는 것으로 조사됐다.

직장인 906명을 대상으로 "자신이 참여하는 모든 회의 중 꼭 필요하다고 생각되는 회의는 얼마나 되십니까?"라는 설문을 진행한 결과, 10%가 22.6%로 가장 많았다. 그 다음으로는 30%(18.8%), 20%(16%), 50%(14.4%) 등의 순으로 50% 이하라는 응답이 무려 83%나 되었다.

회의횟수는 '주 1회'가 30.9%로 가장 높았으나, '거의 매일'(30.2%)이 근소한 차이로 그 뒤를 이었다. 또 '하루에도 몇

차례씩'한다는 의견도 13.1%나 되었다.

잦은 회의로 인해 업무에 방해를 받은 경험이 있는지를 묻는 질문에는 41.5%가 '자주 그렇다'를 선택했다. 이어 '가끔 그렇다'(22%)의 순이며, '없다'는 6.9%에 그쳤다.

회의시간은 1회에 평균 58분 정도 소요되는 것으로 나타났다. 자세히 살펴보면 30분~1시간 미만(41.8%), 1시간~1시간 30분 미만(25.1%), 30분 이내(20%) 등의 순으로 집계됐다.

효율적인 회의시간을 묻는 질문에는 절반이 넘는 54.2%가 '30분 이내'를 선택했고, 30분~1시간 미만(40.6%)이 뒤를 이어, 무려 94.8%가 1시간 미만의 회의를 원하고 있었다.

실제로 업무 중 회의가 차지하는 비중은 회의(10.8), 문서처리(44.4), 보고결재(15.7), 거래선 관리(15.9), 여유시간(4.0), 기타(9.2)로, 회의시간만으로는 비록 10.8%이지만 문서처리와 보고도 회의의 연장선에 있다고 볼 수 있기에 회의가 차지하는 비중은 매우 크다.

또한, 매년 회의의 숫자는 5%씩 증가한다는 연구보고서가 있다.

오늘날의 기업 업무에서 중간 관리층의 경우에는 업무시간의 30~40%, 고위 경영직으로 높이 올라가면 갈수록 참석해야 할 회의의 숫자는 점점 늘어난다. 최고 경영층의 경우엔 업무시간의 70~80%를 회의로 보낸다고 한다.

국내 200대 기업의 CEO를 대상으로 조사한 설문 결과, 1주일에 2~3회의 회의를 하고 1회 평균 회의시간은 30분~1시간으로 나타났다. 하지만 대부분의 경영자가 회의를 하는 시간을 낭비라고 생각하는 데 문제가 있다.

회의에 드는 시간에 관해서는 동서양이 별 차이를 보이지 않고 있다. 일본 기업의 사장들은 평균 5시간 9분, 미국 기업의 사장들은 4시간 57분이라는 시간을 회의에 할애하여 양국간에 큰 차이가 없었다.

회의시간의 비율은 일반사원이 5%, 간부사원이 10%, 영업계열이 15%, 일반 관리직이 15~20%이다. 이처럼 지위가 오를수록 회의시간이 늘어난다는 사실을 알 수 있다. 회의시간이 증가하는 이유는 기업규모의 증대, 기업구조의 복잡성 증가, 환경 불확실성에 따른 비일상적인 과제의 증가, 그리고 전문직과 관리직의 증가에서 찾을 수 있다.

회의와 경영이 불가분의 관계가 있고 회의시간이 증가하고 있다면 효율적인 경영을 위해 먼저 회의를 효율화하는 것이 무엇보다 중요하다. 그럼에도 불구하고 회의처럼 비효율적으로 수행되는 업무도 없다.

오죽하면 회의를 많이 하는 기업치고 망하지 않은 기업이 없다고 말하는 극단적인 회의론자들까지 있을까. 수십 년 전부터 효율적인 회의를 부르짖는 기업들이 많았던 것은 이 때문이다. 경영개혁의 시작은 회의문화 개혁부터 시작된다고 해도 과언이 아니다.

한 중소기업의 조사에 의하면, 회의내용에 대한 의견으로는 보고만 하고 토론이 없다(38.7%), 리더의 한마디로 결론이 난다(32.3%), 결론이 나지 않는다(16.1%), 회의목적이 불분명하다(12.9%)였다. 회의형식 부문으로는 회의시간이 길게 늘여진다(44%), 회의가 너무 많다(36%), 참가인원이 너무 많다(12%), 참가자들의 준비부족(8%)이었다.

회의의 문제점으로는 회의준비 시간이 많이 걸린다(18.6%), 불필요한 자료가 많다(16.3%), 보고만 있고 토론이 없는 회의문화(14.0%) 순으로 나타나 내용보다는 외적인 요소에 많은 문제점이 있음을 알 수 있다. 자료와 준비의 문제가 전체 문제의 34.9%를 차지하고 있다.

하지만 국내 회사들의 회의 운영방식은 아직 전근대적인 수준에 머물러 있다. 조직관리가 디지털화 되면서 회의의 기본적인 기능과 운영방식의 변화가 요구되고 있지만, 정작 회의 주재자들의 의식은 그대로다. 예전 방식에 젖어 인트라넷으로 해결해도 될 일까지 굳이 회의를 통해 하고 있다.

고객이 변하고 시장이 변하는 상황에 따라 회의의 기능이 '보고하고 깨는 시간'에서 '방향설정과 의사결정을 도출하는 시간'으로 바뀌어야 하는데, 아직도 예전 습관에서 벗어나지 못하고 있는 것이다.

회사의 전략이나 사업환경이 아무리 좋더라도 조직적 기반이 탄탄하지 못한 기업은 성공하기 어렵다. 지속적으로 경쟁에서 승리하기 위해서는 구성원들을 결집시키고, 이들의 강한 열정과 에너지를 이끌어 낼 수 있는 강한 조직문화가 필요하다.

바로 이런 강한 조직문화의 대표적인 모습이 기업의 회의문화이다. 회의문화는 구성원들의 가치관과 마인드를 근본적으로 개혁하고 조직을 한 방향으로 이끌어갈 수 있다.

회의문화에 대해서도 조사를 해보았다.

현재 회의문화에 대해서는 응답자의 54.1%가 '불만이다'라고 응답했다. 반면, '만족한다'라는 의견은 20.4%에 불과했다. 회의문화에 불만을 가지는 이유로는 '회의 진행, 구성이 비효율적이어서'가 39.2%로 가장 높았다. 그 다음으로 '결론 없이 흐지부지 끝날 때가 많아서'(26.1%), '회의가 너무 많아서'(19%), '회의시간이 너무 길어서'(10.8%) 등의 순이었다.

하지만, 불만인 회의문화에 대해 개선을 요구했는지를 묻는 질문에는 절반이 넘는 50.2%가 '하지 않았다'라고 답했다. 그 이유로는 62.1%가 '어차피 반영되지 않을 것 같아서'를 꼽았으며, 그 외에 '다른 사람들도 가만히 있기 때문에'(10.9%), '인사고과에 부정적인 영향을 미칠 것 같아서'(10.1%), '아직은 참을 만하기 때문에'(7.7%) 등의 의견이 있었다.

한편, 비효율적인 회의 유형은 '결론이 나지 않고 돌고 도는 회의'(25.9%)가, 효율적인 회의 유형은 '짧은 시간 안에 핵심만 논의하는 압축적인 회의'(38%)가 각각 1위를 차지했다. 회의를 통해 의견을 공유하는 것은 꼭 필요하지만 잦은 회의는 오히려 부담이 될 수 있다.

효율적인 회의시간 관리가 업무효율을 높이는 것은 물론 근무의욕에도 도움이 된다. 먼저 강한 회사를 만들기 위해서는 잘 정리된 의제와 간단명료한 토론, 다양한 대안 준비 등으로 회의시간을 줄이고 회의효과를 높이는 게 중요하다.

원활하지 못한 회의를 수백 번을 한다 한들 제대로 된 한 번의 회의효과는 나오지 않는다. 사무실의 탁상공론에서 벗어나 현장으로 가야만 한다.

지금 우리에게 필요한 것은 단지 "그냥 열심히 하라."는 식의 탁상공론식 회의가 아니라 행동으로 옮길 수 있는 실행회의들이다. 지금 당장 사무실에서 벗어나 제품과 고객들이 있는 곳으로 가봐야 한다.

　하지만 회의의 홍수시대에 지나치게 많은 회의, 마라톤과 같이 긴 회의, 결론 없는 회의 등으로 직장인의 발목을 잡고 있다. 회의가 회사를 성장시키는 것이 아니라 망하게 하고 있다. 그렇다고 우리나라의 모든 기업이 다 그런 것만은 아니다.

　삼성의 회의문화는 이들과 다르다. 삼성은 회의문화를 개혁해 생산성을 높이고 있다.

TIP 여러분 회사의 회의는 어떠한지?

1. 이메일로 할 수 있음에도 불구하고 업무보고나 지시사항만을 전달하기 위해 회의한다.

2. 회의는 참가하는 데 의의가 있다.

3. 몇몇 특정인물만 발언한다. 회의에 참가한 사람이 너무 많아 한마디도 발언하지 못한다. 굳이 내가 참가하지 않더라도 회의에 전혀 지장을 주지 않는다.

4. 회의 석상에서 앉는 위치를 신경 쓰지 않으면 안 된다.

5. 토론이 없고 아이디어가 나오지 않는다.

6. 회의에 참가하는 사람이 너무 많다.

7. 회의할 때 역할이 명확하지 않다. 일단 참가부터 하라고 요구한다.

8. 아이디어를 내면 그 일의 담당자가 되어버린다. 그리고 이에 대해 항의할 수 없다.

9. 회의의 목적이 명확하지 않다. 그냥 정례회의이기 때문에 한다.

10. 한 사람의 발언시간이 너무 길다.

11. 회의시간에 아무 것도 말하지 않을 때가 있다.

12. 낙서할 여유가 있다.

13. 토론을 통해 결정되는 것이 없다.

14. 회의의 결론이 없다. 토론을 하든 안 하든 결론이 없다.

15. 굳이 내가 없더라도 회의 진행에는 아무런 영향이 미치지 않는다고 생각한다.

Chapter 02

회의 원칙을 지켜라

생각하는 방법을 가르쳐야지 생각한 것을 가르쳐서는 안된다. —그루리트

속도경영은 삼성이 세계 초일류기업이 된 비결이다. 그 속도경영의 기본은 회의이다. 회의를 통해 변화를 인식시켰고 회의를 통해 변화를 전파시켰고 행동하게 했다. 부서원들 간에 이루어지는 회의는 기업을 성장, 발전시키는 핵심적 역할을 수행한다.

회의가 의사소통과 협력을 유도하고 새로운 결론을 내는 데에 중요하지만 자칫 장황하게 되고 너무 자주 있으면 업무를 방해할 수도 있다.

삼성에서는 신경영을 실시하면서 올바른 회의문화를 정착

시키기 위해 노력했다. 회의를 할 때 가장 기본적인 사상과 행동원칙들인 3·3·7 원칙을 정리하여 전 계열사의 모든 직원들이 숙지하고 행동하도록 하였다.

삼성의 회의 원칙

삼성에서는 회의를 할 때 독특한 원칙이 있다. 지루한 회의 시간을 즐겁게 하기 위해 그리고 회의 참여자의 참여를 더욱 높이기 위해 '3·3·7운동'을 추진했다.

회의에 필요한 3가지 사고와 3가지 원칙, 그리고 7가지 지침을 3·3·7 원칙이라고 부른다.

❶ 3가지 사고 (3 Ways Of Thinking)

삼성에서는 회의를 소집하기 전에 3가지를 먼저 생각한 다음 회의를 결정하는 것이다. 그 첫 번째 생각은 회의의 효율화를 위해 가급적이면 즉흥적인 회의를 하지 않는 것이다. 먼저 회의의 필요성을 스스로 자문해 본다. 그렇게 함으로써 즉흥적인 회의보다는 계획된 회의를 하라는 말이다.

대부분의 회의는 즉흥적으로 소집되어 참가자들이 영문도 모르고 들어와서 시간을 낭비할 뿐이므로 회의가 제대로 준비되지 않아 효과적으로 진행될 수 없다.

따라서 제일 먼저 항상 회의를 시작하기 전에 3가지를 자문한다.

첫째, 꼭 필요한 회의인가?
둘째, 스스로 결정하면 되는 것은 아닌가?
셋째, 더 좋은 수단이 있을 수 있지 않는가?

이렇게 자문한 결과 회의가 꼭 필요한 경우에는, 다음 생각을 한다. 어떻게 하면 회의를 최대한 간소화시킬 수 있는가 하는 것이다. 이 단계에서도 3가지로 자문한다.

첫째, 참석자를 줄일 수 없는가?
둘째, 빈도, 시간, 배포자료를 줄일 수 없는가?
셋째, 좀 더 원활한 운영을 할 수 없는가?

마지막 단계의 사고로는 회의를 하기로 했다면 다른 회의와 통합하거나 위임할 수 있는 방법이 있는가에 대해 또 한 번 자문해 본다.

첫째, 다른 회의와 겸해서 할 수 없는가?

둘째, 권한 위임으로 해결할 수 없는가?

셋째, 다른 회의에 맡겨도 좋은 내용이 아닌가?

❷ 3가지 원칙 (3 Principles)

위에서 언급한 3가지 사고로 회의를 최대한 하지 않거나 아니면 줄이도록 노력을 하지만, 단지 사전에 심사숙고를 한다고 해서 모든 회의를 줄일 수만은 없다. 아무리 줄여도 꼭 필요한 회의는 있기 때문이다.

그래서 회의를 함에 있어서 3가지 원칙을 정해 회의의 비생산성과 폐해를 최소화하는 삼성만의 원칙을 만든 것이다.

첫 번째 원칙, 회의 없는 날을 운영한다.

각 계열사별로 자율적으로 정하고 있지만 대부분의 회사가 1주일의 중간인 수요일을 회의 없는 날로 정하고 있다. 단지 회의가 없는 날뿐만 아니라 하루 중에 회의 없는 시간도 지정해 운영하고 있다.

두 번째 원칙, 회의시간은 1시간 원칙으로 하고, 최대한 1시간 반을 넘지 않도록 한다.

이 원칙이 가장 지켜지기 어려운 부분이다. 하지만 원칙을 준수하기 위해 1시간용 모래시계를 회의실에 비치해 시간을 엄수하도록 무언의 압력을 넣기도 하고, 의도적으로 회의시작 시간을 정시가 아닌 10분 또는 15분에 시작해 시간 개념을 강화시키는 방법도 활용하고 있다.

세 번째 원칙, 회의기록은 1장으로 정리한다.

대부분의 회의는 말의 성찬이 되곤 한다. 하지만 회의가 말로만 끝나면 무엇을 이야기했는지, 결론이 무엇인지, 어떻게 실행해야 하는지를 제대로 모를 때가 있다. 회의내용을 정리해서 참가자나 관련자에게 배포하는 것이 좋은데, 이때 간결하게 1장으로 정리한다. 기록문화를 중시하는 삼성만의 독특한 원칙이다.

삼성에서는 이와 같은 원칙을 지키면서 회의가 진행되기 때문에 회의가 효율적으로 진행하고 있다.

❸ 7가지 지침 (7 Rules)

삼성에서는 회의 개최 전에 3가지 생각을 하고, 회의가 필요할 경우 3원칙에 입각해 회의를 최소화하려고 노력하고 있다. 하지만 이것만으로 회의문화가 개선될 수는 없다.

정작 회의를 진행하는 데 효율적으로 이끌어 갈 수 있는 지침이 필요한 것이다. 그래서 회의 진행에 있어서 7가지 지침을 만들어 준수하도록 전 직원에게 교육을 시켰다.

제 1지침은 회의를 진행함에 있어서 가장 중요한 것이 시간엄수이다.

회의 참석자는 정시에 모두 참석하도록 하며 설사 모두 참석하지 않았어도 회의는 무조건 정시에 시작한다. 그리고 종료시간을 미리 정하여 회의에 따른 시간 낭비를 최대한 줄인다.

제 2지침은 회의에 들어가는 경비를 회의자료에 명시하도록 한다.

회의소집에 앞서 회의에 불필요한 낭비요소를 제거하도록 한다. 소요비용을 명시해 회의가 생산적이고 효율적으로 진행되도록 모든 회의의 기회비용을 산출, 참석자들에게 사전에 알린다.

제 3지침은 회의참석자를 꼭 필요한 적임자나 담당자로 제한해 최소화시킨다.

의례적으로 참석하는 부서장이나 회의와 무관한 사람들의 참석을 철저히 배제해 꼭 필요한 사람들이 주어진 주제를 집중적으로 토의함으로써 회의의 생산성을 높인다.

제 4지침은 회의의 목적을 명확히 한다.

대부분 회의 시작에 앞서 쓸데없는 방담이나 다른 주제로 토론하여 회의의 본질을 흐리게 하곤 한다. 이러한 병폐를 없애기 위해 주제를 명확히 한다. 또한 이 회의가 의사결정을 위한 회의인지, 정보공유를 위한 것인지, 회의목적도 명확하게 구분하여 사전에 참석자에게 통보해 혼란을 피하도록 한다.

제 5지침은 회의자료를 사전에 배포한다.

회의 참석에 앞서 회의의제를 검토하여 진행을 원활히 할 수 있도록 사전에 자료를 배포한다. 회의자료의 배포는 대부분의 기업이 도입하고 있는 사내 인트라넷으로 해결할 수 있다. 회의 전에 미리미리 의제 등을 전자메일로 보내 주어 자료의 검토시간을 줄인다.

제 6지침은 회의를 진행함에 있어서 가급적 전원에게 발언할 기회를 준다.

회의에서 어느 특정한 한 사람이 주도적으로 발언하는 것을 막기 위해 참석자 전원이 발언하도록 하게 하며 발표된 의견은 서로 존중하도록 한다. 모든 사람이 발언하도록 하는 것은 자기 의견을 발표하지 못하는 사람은 회의에 참석해서 시간을 낭비해서는 안 된다는 의식을 심어주기 위함이다.

제 7지침은 회의록 작성을 최소화하기 위해 결정된 사항만을 기록해 보관한다.

대부분의 회의는 회의록을 작성하도록 되어 있다. 이를 위해 별도로 시간과 노력이 필요하므로 대부분 소홀하기가 쉽다. 그래서 따로 작성하기보다는 전자칠판을 사용할 경우, 전자칠판을 복사하여 회의록으로 활용한다. 녹음기를 사용한 경우는 녹음테이프를 회의록으로 대체하고 간단한 사항만 기록해 보관하도록 하여 회의록 작성에 따른 불편을 최대한으로 개선하였다.

이 기본적인 원칙을 삼성의 모든 계열사에서 30년 넘게 실시해 왔다. 그래서 3·3·7은 삼성의 회의문화로 정착되어 있다.

삼성의 회의진행 원칙은 독특한 점도 있지만 그보다는 회의 내용을 해당되는 사람에게 정보로 전달하고 그것이 업무에 반영되도록 하는 일련의 프로세스가 있다는 점이 다르다.

삼성에서는 계열사의 규모에 상관없이 많은 회의가 진행되고 있다. 이러한 회사들은 자사의 특성에 맞게 회의를 운영함으로써 회의의 효과를 높이고 있다.

CONFERENCE

Part 2

chapter 01

관리적 회의와 창조적 회의

기업의 경쟁력은 누가 더 창의적으로 생각해 새로운 가치를 창출하느냐에 달려 있다

일단 시작하는 회의 vs. 준비하는 회의

삼성에서는 준비 없는 회의는 하지 않는다. 사전에 회의 주제를 통보하고 자료를 준비할 시간을 준다. 뿐만 아니라 사전에 회의에 대한 자료가 배포되지 않는 회의는 참석하지 않는다. 회의 주제와 자료도 모른 채 회의에 참석해 보았자 아무런 소득이 없이 시간만 낭비하는 셈이기 때문이다.

회의의 성과는 준비에 달려 있다고 해도 과언이 아니다. 전쟁에 진 장수는 용서되지만 준비에 소홀한 장수는 용서할 수 없다는 병가의 말처럼 회의준비는 매우 중요하다.

그렇다면 회의를 앞두고 어떠한 준비를 해야 할까?

회의를 소집하고자 할 때는 반드시 회의계획을 수립해야 한다. 물론 아무런 공지 없이 회의를 해야 할 때도 있지만, 회의를 사전공지 없이 갑자기 하는 것은 가급적 피해야 한다. '아무런 사전 준비 없이 그냥 함께하는' 회의에 참여하게 되는 사람들은 혼란과 갈등을 느끼게 되며, 회의결과에 대해 실망하게 될 뿐 아니라 시간과 정력을 낭비하게 된다.

일본 닛산 자동차의 극적인 부활 뒤에는 회의문화의 쇄신이 숨어 있다. 리더가 참가하지 않는 회의를 하룻동안 집중적으로 열어 결론을 내리는 것이 그 회의의 골자이다. 이를 위해 회의가 열리기 4주 전부터 품질이나 서비스 등과 관련된 개선 과제를 선정해 참석자들에게 통보, 충분히 준비할 시간을 준다.

비단 일본뿐만 아니라 국내 기업 중에도 '아무리 늦어도 회의소집은 하루 전에 예고하라' 는 내용의 '회의 효율화 지침' 을 마련해 시행하고 있는 회사가 있다. 바로 포스코이다.

포스코의 회의지침에는 가급적 단순한 정보전달이나 실무보고를 위한 회의는 열지 말고, 만약 회의가 필요하면 1주일 전, 늦어도 하루 전에 회의소집을 예고해야 한다는 내용이 들어 있다. 비효율적인 회의가 시간과 자원의 낭비를 초래한다는 판단에서 나온 조치이다.

　이와 같이 효율적인 회의를 위해 사전 준비가 중요함에도 불구하고 아무것도 준비하지 않고 회의에 참석하는 사람이 의외로 많다. 필요한 자료를 보지도 않고, 주제조차 모르고 참가해 어설픈 의견을 내놓는다면 회의가 제대로 이루어질 턱이 없다.

　이를 방지하기 위해서는 자료의 사전배포는 물론 참석자들이 사전에 무엇을 이야기하기 위해 회의에 참석하는지, 사전에 어떤 준비가 필요한지를 미리미리 챙겨야 한다.

　이런 준비는 회의를 주재하는 측은 물론 회의에 참석하는 사람 역시 많이 노력해야 한다. 회의준비를 하기 위해서는 먼저 회의자료를 만들어야 한다. 컴퓨터 워드프로세서로 자료를 만들다 보면 작은 글씨로 많은 내용을 집어넣기 쉬운데, 이보다는 공백을 많이 두는 게 바람직하다. 공백을 활용하여 다른 사람들의 의견을 메모할 수 있는 공간으로 이용할 수 있도록 배려해야 한다.

　회의 진행자는 회의에 필요한 자료를 적어도 회의 하루 전까지 출석대상자들에게 배포하여 안건에 대한 충분한 사전 숙지 및 검토가 이루어질 수 있도록 하여야 한다. 대부분 회의 진행자는 회의가 있다는 사실만을 전달할 뿐 의제를 전달하지 않거나, 관련 자료를 배부하지 않고 회의 당일 회의 석상에서 자료를 배부하기 때문에 자료검토로 많은 시간을 허비하게 된다. 그리고 회의 시작 바로 직전에 자료를 배포한 뒤 그 자리에서 참석자들로 하여금 자료 검토를 강요한다.

뿐만 아니라 짧은 회의시간 내에 그에 대한 '솔직한 의견'을 요구하지만 이런 경우 솔직한 발언은 사실상 기대하기 어렵다. 결국 일방적인 보고나 지시로 끝나게 된다.

그러므로 참가자들에게 제공할 자료를 준비했다면 가능하면 미리 나누어주어 먼저 숙지할 수 있도록 해야 한다.

회의 중에 나누어준다면 사람들이 회의 때 자료를 읽고 질문을 받는 추가적인 시간이 소요되고, 일부는 회의자료를 보기보다는 우선 회의에 몰두하면서 회의자료에 대해서는 잊어버리게 된다.

그래서 회의에서 활발한 의견을 주고받기 위해서는 사전에 의제를 전달하고 회의 검토 자료를 조금이라도 빨리 배포하는 것이 바람직하다. 물론 사전에 의제를 전달, 배포한다고 해서 좋은 의견이 나온다는 보장은 없지만 사전에 자료를 배포하면 그 가능성이 더 높아진다.

또한 자료 검토에 걸리는 시간은 의제에 따라서 사전 검토 및 준비를 하는 데 필요한 시간이 다르기 때문이다. 그래서 의제에 맞춰 사전에 전달 및 배포하는 시기를 바꿀 필요가 있다. 정기적으로 개최되는 회의의 정해진 의제에 대해서는 그 검토 자료의 사전배포도 주어진 기일에 설정, 실시하는 것이 바람직하다.

무계획 회의 vs. 기획된 회의

삼성에서는 이미 계획된 일정에 따라 무작정하는 회의는 가급적 최소화한다.

즉, 업적보고 회의와 같은 정례회의는 월 또는 분기에 1회 정도 한다. 그 대신 사전에 기획된 회의는 수시로 한다. 기획된 회의란 사안에 따라 필요에 의해 개최되는 회의이다. 충분한 사전 준비와 꼭 필요한 사람들만 참석해 집중적으로 회의를 해 해결책을 찾아내는 것이다.

기업의 회의는 어떤 사항을, 어떤 목적을 위해, 여러 사람들과 의견을 교환하는 것이다. 승진을 하려는 젊은 직장인들에게 회의보다 더 좋은 수단은 없다.

지금으로부터 50년 전에는 직속상관이 보는 앞에서만 일을 했을지 모르나, 지금은 회의를 통해 지위고하를 막론하고 모든 상사들에게 자신의 기량을 보여줄 수 있다. 최소의 회의기술을 이용하여 철저히 준비하여 질문을 하고 적절한 제안으로 주목받으면서 회의에 참석할 수 있다.

회의는 결국 사람과 사람이 정보를 교환하는 커뮤니케이션이라 말할 수 있다. 그러나 이러한 회의는 형식적으로 계획된 회의가 되고 있다. 회의의 본질을 망각한 채 회의를 위한 회의가 이루어지며, 사전에 주제 공지나 자료 배포 등이 없이 회의를 진행하는 곳도 많다.

회의의 성공 여부는 99%가 회의가 시작되기 전에 판가름이 난다. 회의를 디자인한다는 것은 효율적인 회의를 위함이다. 회의의 기획은 회의의 가장 첫 단계이다. 그러므로 회의가 효과를 거두기 위해서는 첫 단추를 잘 끼워야 한다.

모든 회의는 반드시 기획해야 한다. 회의 기획은 회의의 목적을 정하는 것에서부터 시작된다. 회의에서 무엇을 하고 싶은가? 만일 회의의 목적이 없다면 회의를 열 필요가 없다. 즉 회의를 열 필요가 없을 때는 회의를 열지 말아야 한다.

참석자들이 회의의 목적을 모르거나 오해하고 있으면 효과적인 회의는 기대할 수 없다. '무엇'을 위한 회의인지를 모르고서는 아무 말도 할 수가 없기 때문이다.

회의에는 반드시 목적이 있다. 정보를 수집하기 위한 회의

문제를 해결하기 위한 회의도 있을 것이다. 그러나 회의의 기본적인 목적이나 형태를 파악하지 못한 채 막연히 지시를 받았기 때문에 참가한다는 식의 사람이 의외로 많다.

목적을 잘못 알고 참가하면 아무리 훌륭한 발언을 해도 성과로 연결되지 않고 엉뚱한 발언으로 받아들여지게 된다. 물론 그에 따른 노력도 다른 참가자들에게 인정 받지 못하게 될 뿐 아니라, 인정 받지 못하면 감정적이기 쉽고 회의는 혼란스러워지게 된다.

회의기획을 위한 7대 원칙은 다음과 같다.

① 회의의 필요성
② 회의 목적과 의제
③ 명확한 결론
④ 사전 준비
⑤ 회의시간 엄수
⑥ 회의록 작성
⑦ 창조적 활동의 장이라는 인식

또한, 회의를 하는 5대 원칙은 다음과 같다.

① 회의의 목적을 명확히 정해 그 취지에 따른 토론을 한다.

② 정각개시 및 정시종료를 엄수하여 시간을 낭비하지 않는다.

③ 과감한 토론을 통하여 보다 높은 차원의 결론을 얻는다.

④ 남의 의견을 귀담아 듣고 나서 자신의 의견을 간략하게 발표한다.

⑤ 의장은 결론을 확인하고 거기에서 얻은 회의의 성과를 전원이 공유한다.

회의장 밖에서 시작되는 회의 vs. 회의장 안에서 시작되는 회의

삼성에서는 일방적으로 회의 장소와 일시만을 통보받고 참석을 강요 당한 채 회의실에 들어와서야 회의 주제와 내용을 파악하는 경우는 거의 없다. 참석자는 사전에 회의 주제와 자료 그리고 일정을 이메일을 통해 사전 통보받고 모든 회의준비를 마친 후에야 회의에 임한다.

그래서 삼성에서의 회의는 회의장 안에서 하는 일보다 밖에서 사전에 준비하는 일이 더 많다.

회의는 꼭 회의장에서 시작되는 것이 아니다. 이미 회의장 밖에서 회의가 시작되기 전부터 회의는 진행되고 있는 것이다. 회의장 밖에서는 주로 기획과 준비 그리고 결과 실행이 이루어지고, 회의장 안에서는 토론과 결정을 내리는 일이 진행된다.

● 회의는 회의장 밖에서 시작된다.

회의장 밖에서 해야 할 것	회의장 안에서 해야 할 것
■ 각자 분담해 미리 자료를 만드는 작업	■ 아이디어를 내고 합의하는 작업
• 원안 작성	• 문제 의식을 공유
• 정보 수집	• 아이디어를 발산
• 사전 자료 작성	• 납기 합의
• 사전 자료 배부	• 해결방안을 내기 위해 합의
• 해결방침에 근거해 자료를 상세히 작성	
• 보고서나 자료를 정리	
• 해결안 실행	

그리고 회의 통지는 적어도 회의가 시작되기 일주일 전에는 끝내야 한다. 이를 위해서는 회의의 준비사항을 모두 정리해 둔 상태여야 한다. 사전통지는 문서로도 많이 하지만 이메일을 이용하면 빠르고 정확하게 할 수 있다. 사전통지에는 회의의 종류와 진행자, 참석자에 관한 사항을 잊지 말고 알려주어야 한다.

사전통지를 위한 요소는 다음과 같다.

① 회의의 명칭과 취지 설명
② 회의의제 및 토의 항목
③ 개최 일시 및 시간
④ 개최 장소 (위치, 전화번호)
⑤ 진행자 이름 (연락처 : 전화번호, 메일주소)
⑥ 참석자 명단
⑦ 회의자료 첨부의 취지
⑧ 기타

　모든 회의 참석자에게 회의에 관한 내용을 미리 알리려면 많은 시간과 비용이 필요했다. 대부분 회의자료를 참석자 전원에게 인쇄물로 복사해 배부하기란 여간 어려운 일이 아니었다. 하지만 지금은 간단히 이메일(e-mail)을 통해 회의 시작 전에 회의의 대한 개략적인 내용을 파악할 수 있고 사전에 회의에 대한 준비를 할 수 있다.

　인터넷을 활용해 의사일정에 관한 내용을 발송하자. 매주 열리는 회의에 대해서는 2~3일 전에 일정에 관한 메일을 발송하고 참석여부 답신까지 받을 수 있다. 물론 회의소집 메일에는 회의의 목표를 정확하게 기재하고 자세한 일정에 대한 사항을 첨부해야 한다.

참석 대상자에게 회의안내문이나 통지서를 발부해 사전에 회의에 대한 정보를 주어야 하지만, 참석자가 그 자료를 읽지 않으면 무용지물이 되어 버린다. 사전에 회의 개최에 대한 내용을 알릴 때 이메일이 편리하기는 하지만 넘쳐 나는 스팸 메일(spam mail)에 묻혀버리는 경우도 있다.

회의통지가 원활하게 되기 위해서는 참석자들이 이메일을 열어보고 싶은 제목을 붙여 적극적으로 자료를 읽도록 하는

센스가 필요하다. 그러므로 참석자가 메일을 중요하게 인식할
수 있도록 구체적인 내용을 전달해야 한다.

단순하게 '기획회의'가 아니라, '상품기획 회의 : ○○제품
신상품 개발을 위한 회의를 개최한다'로 하면 좀 더 선명해질
것이다.

정기적으로 이루어지는 회의는 회의 진행자뿐만 아니라 참
가자도 회의준비에 소홀해지기 쉽다. 그러나 파악해 두어야
할 부분을 숙지하지 못하면 애써 시간을 할애해 실시한 회의
도 아무런 성과가 없다. 따라서 회의를 시작하기 전에 진행자,
참가자 모두 회의시 사전에 준비해야 할 요소를 확실히 파악
해 둘 필요가 있다.

모두 참여하는 회의 vs. 선택 받은 사람들의 회의

삼성의 회의에는 불필요한 배석자가 없다. 임원회의에 실무
자가 참석할 필요가 없고, 실무회의에 불필요한 간부들이 참
석하지 않는다. 임원회의에는 임원들이 사전에 모든 자료와
내용을 충분히 숙지하고 회의에 참석하기 때문에 실무자의 배
석이 필요 없다. 또한 실무회의에서도 반드시 필요한 사람만
회의에 참석하기 때문에 회의내용을 설명하는 시간이 필요

없고 곧바로 토론에 들어간다.

'회의시간이 늘어나는 것은 참가자 수와 비례한다'는 원칙에 따라 회의에 어떤 사람을 참석시킬지 신중하게 결정하여 회의목적을 달성하는 데 꼭 필요한 사람만을 초대하도록 해야 한다. 그렇다면 어떻게 필요한 인원만을 참석시킬 수 있을 것인가? 아마도 가장 중요한 방법은 회의에 참가하는 사람들에게 대해서 "이 사람이 회의에 어떤 기여를 할 수 있을까?" 스스로에게 질문을 던져보는 것이다.

회의는 참가자가 서로 협력해야 목적을 달성할 수 있다. 참가자의 의식과 기술이 회의의 성공에 직접적인 영향을 미치는 것이다. 그러므로 참가자를 선발할 때 다음과 같은 점에 유의한다. 정말 필요한 사람만을 소집하고, 해당되지 않는 사람은 참가시키지 않는다는 원칙을 세워야 한다.

회의 참석자를 선택할 때는 다음 조건을 고려해야 한다.

① 결정권을 가진 사람을 참석시킨다.
② 다른 부서라도 회의에 관계가 있는 사람이라면 참석시킨다.
③ 회의주제에 대해 강한 문제의식이 있는 사람을 참석시킨다.
④ 회의주제와 관련된 전문가를 참석시킨다.

⑤ 자기의 의견을 확실히 밝힐 수 있는 사람을 참석시킨다.

정시에 시작하는 회의 vs. 시간대에 시작하는 회의

회의를 효율적으로 이끄는 비결 중 하나는 시간을 잘 분배하는 것이다. 일단 회의시간이 되면 설령 참석자가 모두 모이지 않았더라도 무조건 시작해야 한다.

참석자들이 회의는 "항상 10분 늦게 시작하는데, 뭐."라는 인식을 갖게 되면 정시에 모이기 어렵다. 이렇게 되면 10분 늦는 것이 아예 습관화 될 수도 있으므로 회의가 시작되는 시간을 정확하게 지키는 것이 상당히 중요하다.

회의의 특성상 시간에 구애받지 않고 진행해야 하는 경우가 있지만 그렇지 않는 한 '시간 준수, 시간 내 완료'라는 회의의 원칙을 꼭 지켜야 한다. 회의시간은 모두가 공유하고 있는 시간이므로 시간관념을 보다 확실히 인식시키도록 한다.

이러한 시간관념을 강조하기 위해 삼성의 일부 계열사에서는 회의시간을 일부러 정시에 하지 않고 10시 5분 또는 15분에 시작하여 끝내는 시간 역시 30분 또는 55분으로 하는 곳도 있다.

회의를 몇 시간 동안이나 계속하는 것을 지극히 당연한 것으로 여기는 사람도 있다. 그러나 회의의 성공 여부는 얼마나 오랫동안 하느냐와는 상관이 없다. 회의의 성공 여부는 참석자들이 얼마나 충실히 회의에 참여했느냐에 따라 달라진다. 회의 참가자들이 회의에 몰두했다면 회의에서 생산적인 이야기가 쉽게 나올 수 있지만 그렇지 않으면 회의가 길어지면서 비생산적인 회의 결과를 가져올 수도 있다.

비단 삼성뿐 아니라 SK텔레콤은 2949미팅을 하고 있다. 29분짜리, 49분짜리 자명종을 준비해 회의가 29분 또는 49분을 넘기지 못하도록 했다. 짧고 강한 회의를 강조한 것이다.

회의는 정해진 안건을 마칠 때까지 하는 것이 아니다. 반대로 마칠 시간을 정하고 거기에 맞게 결론을 내리는 것이다. 그러면 대개 현실적으로 할 수 있는 대안이 나오게 마련이다. 왜냐하면 누구나 회의를 오래하고 싶어 하지 않기 때문이다. 빨리 일어나려면 빨리 결론을 내야 하니까 각자에게 동기가 부여되는 셈이다.

무작정 회의를 길게 끈다면 다음부터는 당신이 주재하는 회의가 짜증으로 다가오기 쉽다. 아무도 당신이 주재하는 회의에 참석하고 싶어 하지 않거나 마지못해 참석한다면 그런 회의는 의미가 없다.

하지만 시간을 적절하게 배분하는 것은 의외로 어렵다. 누구나 처음 다루는 일에 시간을 지나치게 사용하기 때문이다. 그러므로 시간을 들여도 후회하지 않을 가장 중요한 사항부터 우선적으로 다뤄야 한다. 그러면 시간이 모자라 도중에 끝마치더라도 피해가 적어진다. 그래서 시간일정과 진행방법을 사전에 정하고 참석자들에게 모두 알려주어야 한다.

삼성에서는 모든 사람이 다 모일 때까지 기다리지 않는다. 회의 시작시간이 되면 즉시 회의를 시작하고 예정된 시간에 회의를 종료한다. 예정된 시간 내에 결론이 나지 않을 경우에는 다음 회의를 잡고 회의를 끝낸다.

열린 공간 회의 vs. 닫힌 공간 회의

삼성에서는 회의실 분위기를 열린 공간으로 만들기 위해 여러모로 신경을 쓰고 있다. 삼성의 회의실은 가장 편안하게 설계되었고 모든 장비가 완벽하게 갖추어져 있다. 컴퓨터를 비롯해 영상장비까지 첨단장비는 물론 사소한 보조재까지 회의를 하는 데 필요한 모든 것들이 완벽하게 준비되어 있어 회의 진행을 원활하게 하고 있다.

삼성SDS는 회의실을 '상생실(相生室)'로 이름 지었다. 회의 참석자 모두가 상생하기 위한 방이라는 의미이다. 정면에는 대형 스크린이 설치되어 있고 좌석은 둥근 원형으로 마치 국회의사당과 같은 반원식 좌석 배치를 했다. 그리고 IT업체답게 첨단 회의 시스템을 갖추었다.

각 자리에는 노트북이 설치되어 있어 모든 회의자료를 노트북 화면뿐만 아니라 정면 스크린을 통해 볼 수 있고 수시로 사내 메일이나 인터넷을 검색할 수 있게 만들었다. 모든 테이블에는 마이크가 설치되어 발언을 할 때 마이크를 켜서 이야기하면 되고 모든 내용은 녹음이 된다. 필요시 촬영까지 할 수 있도록 모든 설비가 갖추어져 있다.

또한, 스피커 전화기와 카메라가 설치되어 있어 전화와 카메라를 이용하여 화상 국제 컨퍼런스 회의도 할 수 있다.

이처럼 회의에 필요한 모든 설비와 환경이 완벽하게 갖추어져 있어 회의를 보다 생산적으로 할 수 있다. 비단 회의실 환경을 개선하는 것 외에도 회의실을 개조해 회의의 생산성을 높이기도 하였다.

회의를 보다 원활하게 이끌기 위해서는 회의 방식도 중요하지만 그에 못지않게 중요한 것은 회의장이다. 기업의 모든 부서와 활동에서 공통적으로 사용하면서도 그 중요성이 간과되기 쉬운 부분이 회의가 이루어지는 회의장이다.

기업에서는 보다 생산적이고 효율적인 회의를 하기 위해 회의장에 여러 가지 방법을 시도하고 있다.

최근 거대한 탁자, 의자들로 가득한 회의실이 풍기는 딱딱한 이미지를 탈피하기 위해 회의실을 토론방, 혹은 이야기방 등 친숙한 이름으로 개명하는 업체도 많이 늘고 있다.

삼성 에버랜드는 회의실 명칭을 토론방으로 바꾸고 토론의 자료도 직급에 상관없이 본인이 직접 작성하도록 회의문화를 바꿨다. 2002년 하반기부터 경영혁신을 대대적으로 시행하였는데, 첫단계로 '토론문화 혁신운동'을 펼쳤다.

에버랜드는 기존의 회의실(conference room)을 '토론방(discussion room)'으로 바꾸고, 사전에 배포된 자료가 없는 상태에서 직급에 관계없이 토론에 참석한 사람들이 발의한 토론과제를 중심으로 토론을 진행한다. 토론의 주재자는 원만한 진행을 돕는 일만 하고 자료정리도 본인이 직접 하도록 했다.

커피회사는 의도적으로 자사 커피 브랜드로 회의실의 이름을 정해 자연스럽게 소속감을 고취시키고 있다. 또한 일부 벤처기업에서는 보다 창의적으로 세계 유명 휴양지의 이름을 사용하기도 한다. 비단 회의실 이름만 바꾼 것이 아니라 내부 인테리어도 고급화하여 마치 휴양지에서 회의하는 분위기를 연출했다.

회의장소는 일반적으로 생각하는 것보다 회의의 효율성을

올려줄 수 있는 중요한 요소 중의 하나이다. 쾌적하거나 집중할 수 있는 회의장이냐, 공기 조절이나 조명이 나쁘고, 옆방의 소음이 들리느냐에 따라 당연히 성과도 달라진다.

그러므로 회의장 환경이 미치는 영향을 고려해 회의형태에 적합한 장소를 준비해야 한다.

예를 들면, 의결을 집행해야 하는 회의에서는 폐쇄적인 공간이 바람직하다. 따라서 이동 가능한 화이트보드가 있다면 이를 칸막이 대신 사용하여 공간을 차단하는 것이 좋다.

이와는 달리 개방적인 토론이 필요한 회의실은 벽면을 투명한 유리로 하여 회의전경을 개방하는 것도 하나의 방법이다. 개방형 공간을 밖에서도 훤히 들여다 볼 수 있어 회의 진행에 긴장감을 고조시키는 효과가 있다. 어떤 장소라도 집중력을 높일 수 있는 회의장소를 물색해야 한다.

회의실 확보는 회의일정을 조정하는 일과 병행하거나 일정이 정해지는 대로 신속히 수행해야 한다. 이때는 당연히 회의형태나 참석자, 참석인원 등을 고려해야 하며, 이에 가장 적당한 장소를 물색해야 한다. 또한 외부에서 하는 회의인 경우에는 참석자 전원이 모이기 쉬운 장소로 하는 것도 하나의 조건이다.

인원수에 비해 지나치게 회의실이 큰 경우에는 분위기가 썰

렁해지기 쉬워 회의가 활성화되기 어렵다. 반대로 지나치게 좁으면 답답하고 불편해서 좋은 회의 분위기를 조성할 수 없다. 이런 문제점을 해결하기 위해 이동식 또는 조립식 가구가 필요하고, 회의실 중간에 분리할 수 있는 차단막을 설치해 회의 규모에 맞게 소형, 대형으로 자유롭게 변형해 쓸 수 있도록 만들어야 한다.

적절한 회의장소는 생산성을 향상시키고 커뮤니케이션을 촉진할 뿐만 아니라 참석자들이 편안함을 느끼도록 한다.

또한 좌석 배치의 활용을 통해 참석자들 간의 눈맞춤, 접촉, 대화, 네트워킹과 유대관계에 영향을 줌으로써 회의의 원동력을 구체화한다. 이러한 노력은 단기적으로 볼 때는 별 효과가 없지만 장기적으로는 아주 큰 효과를 가져온다.

회의장 레이아웃(lay-out)도 사전에 결정해야 한다. 회의실의 좌석 배치는 주제와 장소에 따라 부채꼴형, 교실형, 컨퍼런스 형, 말편자형으로 구분할 수 있다.

회의장소와 좌석 배치를 마친 후 장비 점검도 해야 한다. 머피의 법칙이라는 것이 있다. 아무리 철저하게 준비를 해도 항상 뭔가 안 좋은 일이 생긴다는 것이다. 회의 당일 회의장에 가 보았더니 회의장소에 쓰레기가 널려 있다든지, 전기가 나갔다든지 하는 일이다. 회의장소의 시설말고도 회의 도중에 예상치 못했던 일이 벌어질 수가 있다.

① 발표에 필요한 장비가 작동되지 않을 경우
② 종이 차트 걸이에 종이가 떨어졌을 경우
③ 장비와 연결하는 코드가 짧거나 코드에 여유분이 없을 때
④ 마이크가 고장날 경우
⑤ 발표자가 장비사용법을 모를 때

사소한 일이라도 빠뜨리지 않고 준비해 두는 것은, 회의를 소집하고 이끌어갈 리더에게 회의 진행에 대한 자신감을 가져다줄 뿐만 아니라 회의 참석자들의 만족감과 신뢰도를 높여 그룹의 목적 달성을 수월하게 해준다. 준비 없는 회의는 안 하는 것이 낫다.

회의적인 회의 vs. 창조적인 회의

삼성은 많은 주제를 가지고 지루하게 하는 회의보다 한 가지 주제로 최소 필요인원이 참석해 빠른 결정을 내리는 창의적인 회의를 한다. 삼성에서는 회의를 시간낭비가 아니라 새로운 아이디어를 창출해내는 장으로 만들어 가고 있다.

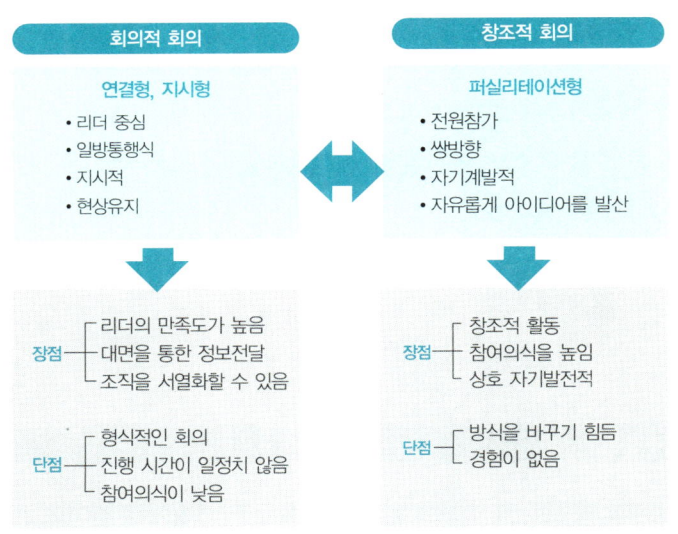

● 회의적 회의와 창조적 회의

회의적 회의

연결형, 지시형
- 리더 중심
- 일방통행식
- 지시적
- 현상유지

창조적 회의

퍼실리테이션형
- 전원참가
- 쌍방향
- 자기계발적
- 자유롭게 아이디어를 발산

장점
- 리더의 만족도가 높음
- 대면을 통한 정보전달
- 조직을 서열화할 수 있음

장점
- 창조적 활동
- 참여의식을 높임
- 상호 자기발전적

단점
- 형식적인 회의
- 진행 시간이 일정치 않음
- 참여의식이 낮음

단점
- 방식을 바꾸기 힘듦
- 경험이 없음

　　회의가 의미 있는 시간이었다고 느끼고 다음 회의시간을 기다리게 만드는 것, 그것이 창의적 회의를 하는 것이다.

　　회의를 창조적으로 이끌어 가는 비결 중에 하나는 바로 시간을 제한하는 것이다. 예를 들면, '구체적인 아이디어를 3가지로 압축하여 1시간 안에 제출하라' 고 얘기해 보라.

　　그러면, 참가자들은 서로 경쟁이라도 하듯 아이디어를 짜낸 다음 가장 좋다고 생각하는 의견 3가지를 선별할 것이다. 또한, '한 사람의 두뇌'가 아니라 '참가자 전원의 두뇌'로 하는 것도 창조적인 회의를 만드는 포인트이다.

이야기는 앉아서 할 수도 있고 서서 할 수도 있지만 어떤 방법을 택하느냐에 따라 엄청난 차이가 생긴다. 걸어가면서 토론을 하는 방법도 있는데 이 방법은 대단히 효과적이다. 대화에 리듬이 생겨 활기가 붙기 때문이다.

능력이란 결국, '더 나은 것이 없을까?' 하며 끊임없이 부딪치는 데서 나온다. 공동의 목표를 향해 집중할 수 있을 때 비

● 2 Way 방식

주관자	참가자
• 회의 목적을 미리 알림 • 회의 진행을 계획 • 토론할 수 있는 분위기를 만듦 • 시간 배분, 진행을 도움 • 문제도출을 도움 • 해결안 모색을 도움 • 참가자가 고루 발언하도록 함 • 실행안 마련을 도움	• 참가 전에 안건에 대해 준비 • 필요한 자료나 용구를 준비 • 시작 5분 전에 도착 • 토론에 적극 참여 • 자신 의견을 정리해서 발표 • 다른 사람 의견을 경청 • 비록 반대했지만 결정된 사항을 수용 • 주요 내용을 빠르게 전달 • 분담된 업무 내용을 적극 실행

로소 예상하지 못했던 창조적인 아이디어가 떠오른다. 아이디어는 아무 때나 그냥 나오는 것이 아니다. 참가자 전원이 반드시 이겨야 한다는 의식을 가지고 서로의 머리를 맞대고 집중력을 발휘해야 나오는 것이다.

창조적 회의를 위한 1.2.3 원칙은 첫째, 회의시간을 1시간으로 하고, 둘째, 2 Way 회의 방식을 취하며, 셋째, 3분씩 발언하도록 유도하는 것이다.

2 Way 회의란 일방적인 지시나 설명을 듣는 수동적인 회의가 아니고 서로 질문하고 답하는 과정에서 자연스럽게 결론을 내는 것이다.

지루한 회의를 창조적인 회의로 만들기 위해 취해야 할 3가지 행동양식은 다음과 같다.

첫째, 다른 사람의 새로운 아이디어에 도전하라.
둘째, 당신의 아이디어를 공개적으로 제안하라.
셋째, 적극적으로 뭔가를 실천하라.

창조적인 회의를 만드는 기술은 다음 5가지로 요약될 수 있다.

① 회의준비를 철저히 하는 '사전 준비'

② 크고 작은 소리를 아우르는 '퍼실리테이터'

③ 꼬리에 꼬리를 무는 아이디어를 유도하는 '진행기술'

④ 명확한 결론을 도출하고 실행을 책임지는 '리더'

⑤ 선진기업 회의기법의 '벤치마킹'

정시에 회의를 개최해서 건설적인 논의를 거쳐 원하는 결론을 내고 예정된 시간에 끝내는 창조적인 회의는 결코 어려운 일이 아니다.

횟수는 줄이고, 시간은 짧게, 결론은 명확히, 이것이 바로 창의적인 회의의 요체이다.

SAMSUNG
CONFERENCE

삼성전기의 회의 없는 월요일

삼성전기는 전자부품을 만드는 회사로 주로 휴대폰과 전자 제품에 들어가는 수많은 부품을 생산하고 있다. 제품 종류가 워낙 많고 고객사도 많으며, 기술변화가 빠른 업종이라 회의 가 유난히 많다. 임원과 간부들이 회의하는 시간이 얼마인지 를 조사해 보니 간부는 50%, 임원은 60% 정도의 시간을 회의 에 사용하고 있었다.

회의시간을 줄이자는 의미에서 회의시간을 50% 줄이기로 했다. 회의시간이 평균 3~4시간이 되는 바, 한 번 회의를 시작 하면 한나절이 금세 지나가버린다.

3~4시간인 회의를 1~2시간으로 줄이려면 회의자료를 줄여 야 한다. 임원회의를 하면 회의자료가 100쪽이 넘는데, 한 사 람이 회의자료를 읽는 데만 몇 십 분이 지나간다. 회의자료 설명이 장황하니 결국 시간이 오래 걸릴 수밖에 없다. 따라서 회의시간을 반으로 줄이려면 먼저 회의자료를 반으로 줄여야 한다.

삼성전기는 회의자료를 반으로 줄이기로 했다. 또한 회의자

료를 파워포인트로 작성하지 말고 워드 상태나 IT 시스템에서
나온 출력자료를 그대로 이용하기로 했다.

파워포인트 자료를 다시 만들 경우, 사원들은 이 자료를
만들기 위해 2중, 3중으로 일을 하게 된다.

특히, 월요일에 간부회의가 있는 경우에는 사원들이 주말에
나와서 파워포인트 작업을 한다. 사원들은 자료 만들려고 시
간을 쓰고 발표자는 자료를 읽는 데에 시간을 쓴다.

회의는 파워포인트 자료를 읽는 것이 아니라 토론을 하고
의사결정을 하는 것이다.

이에 삼성전기는 회의자료를 반으로 줄이고 내부 회의자료
는 파워포인트로 만들지 않기로 했다. 아울러 월요일은 회의
없는 날로 정했다.

삼성전기의 간부들은 월요일 아침부터 회의실에 들어가 앉
아있지 않고, 사원들은 그 자료를 만들려고 주말 작업을 하지
않는다.

Chapter 02

열린 사람과 닫힌 사람

듣고 있으면 내가 이득을 얻고, 말하고 있으면 남이 이득을 얻는다. – *아라비아 속담*

턱을 괴는 사람 vs. 귀를 세우는 사람

회의에 참석하는 모습이 변했다. 예전에는 회의에 참석할 때 업무수첩을 가지고 참석했다. 그리고 배포된 자료를 보면서 회의를 했다. 자리에 앉아 아무런 발언도 의견도 내지 않고 그저 낙서나 하면서 시간만 때우곤 했다.

하지만 요즘 삼성에서 회의에 참석할 때 반드시 휴대해야 할 것은 바로 노트북 컴퓨터이다. 모든 회의자료가 네트워크로 제공되며 회의 중에 토론되는 모든 내용을 바로 그 자리에서 워드로 입력해야 하기 때문이다. 그래서 회의 중에 잡담이나 낙서를 할 여유가 없어졌고 토론된 내용을 주의 깊게 경청하지 않으면 아무런 자료나 내용이 남지 않는다. 회의내용을 잘 듣고 바로 요약 입력해야만 한다.

회의에 참가하다 보면 자신의 의견을 발표하는 시간보다 다른 사람의 의견을 듣는 것이 더 많다. 회의의 참가자는 듣는 역할도 잘해야 한다.

사내에서 하는 내부회의라면 자신의 의견을 자주 이야기하면서 창의적 아이디어를 내는 것은 훌륭한 자세이다. 그러나 협상을 위한 회의나 첨예한 대립이 예상되는 회의 석상에서 말을 많이 하면 오히려 자신이 가진 카드를 다 보여주는 결과를 초래할 수 있다. 이럴 때는 아래 3가지를 생각해 보자. 말하는 것은 지식의 영역이고, 듣는 것은 지혜의 영역이다.

첫째, 상대방이 하는 이야기의 진짜 의미는 무엇인가?
둘째, 상대방이 차마 하지 못한 말은 무엇인가?
셋째, 상대방이 진짜로 하고 싶은 이야기는 무엇인가?

회의 참석자 모두가 적극적으로 발언을 하고 경청을 할 때 회의가 살아서 움직인다. 참가자들의 발표와 경청이 없는 회의는 죽은 것과 같다. 경청의 요령은 다음과 같다.

첫째, 성의 있게 듣는다.

둘째, 경청의 바디랭귀지를 보낸다.

셋째, 적당한 때 피드백(feedback)을 한다.

넷째, 새로운 정보를 적극적으로 받아들인다.

다섯째, 의사결정에 적극 참여한다.

대화의 기본은 1.2.3이다. 즉 "1분간 이야기 하고, 2분간 듣고, 듣는 중에 3번 수긍하라."는 것이다.

랄프 G. 니콜스 와 레오나르드 A. 스티븐스는 "말은 어떻게 하는가보다는 어떻게 듣느냐에 따라 그 효율성이 좌우된다." 라고 말한다. 경청의 가장 핵심은 성의 있게 듣는 것이다. 듣기 능력은 지능에 따라 크게 다르다고 생각한다. '똑똑한' 사람은 잘 듣지만 '멍청한' 사람은 잘 듣지도 못한다는 것이다.

회의에서 듣는 것의 4가지 효용을 보면 다음과 같다.

첫째, 새로운 정보를 얻는다.

참가자들이 회의를 위해 많은 자료를 준비해 왔고 그들의 발언을 들어보면 새로운 정보가 무척 많이 있다.

둘째, 새로운 발상을 얻는다.

말하면서 생각하기는 힘들지만 들으면서는 생각하기가 자유롭다. 새로운 정보를 들으면서 기존의 정보와 재결합하는 방법으로 새로운 발상을 할 수 있다.

셋째, 조직의 흐름을 이해할 수 있다.

다른 부서나 기능의 현상과 문제점을 파악할 수 있고 그들이 그 문제를 어떻게 해결하고자 하는지 방향을 알 수 있다.

넷째, 타인의 존재가치를 인지한다.

발표자의 생각과 그들이 가지고 있는 정보들을 알 수 있고 서로의 생각을 주고받음으로써 서로를 존경하고 이해하는 바람직한 인간관계가 형성된다.

말하고 듣는 사람 vs. 듣고 말하는 사람

대부분의 회의는 회의 주재자인 상급자가 전달할 사항을 먼저 말하고 참석자의 의견을 듣는다. 그러다 보니 회의가 아니라 업무지시나 부진한 사업의 책임을 추궁하는 성토장이 되고 만다. 일방적으로 자기 할 말만 끝내고 회의를 끝낸다.

이렇게 분위기가 살벌한데 어느 누가 자기 의견을 솔직하게 말하겠는가? 이처럼 말하고 듣는 사람은 거의 자기의견만 말할 뿐 아무런 의견을 듣지 못한다.

하지만 삼성에서는 회의에서 선(先) 발표 후(後) 의견 개진이다. 대화를 끌어내기 위해 먼저 각자의 의견을 발표하게 한다. 일단 듣고 난 후에 각자의 의견을 말하는 방식을 취한다. 이는 경청을 강조했던 선대 이병철 회장 시절부터 내려오는 전통이다. 먼저 남의 의견을 다 듣고 나서 자기의 의견을 피력하는 것이 상호 의견을 존중하기 때문에 회의의 생산성이 높아진다.

이와 같이 듣고 말하는 사람의 경우에는 새로운 정보를 적극적으로 받아들일 수 있다는 이점이 있다. 누구나 자신이 지금까지 알고 있는 것에 대한 믿음이 있고 자신의 사고방식이 옳다고 생각한다. 배우고 행동해 본 경험에서 우러난 지식과 정보는 고정관념이 된다. 사람들은 지금까지 자신이 믿어 왔던 것에 대립되는 정보나 의견에 저항감을 갖는다.

대화나 회의를 통해서 자신이 알고 있었던 지식이나 정보와 다른 의견을 만나게 되면 논쟁이 벌어진다. 회의가 성공적으로 운영되려면 참가자들이 다소의 고통이 따르더라도 새로운 정보와 새로운 의견을 경청하고 토의를 통해 갈등을 해소하도록 해야 한다. 의견이 다른 것은 정보량의 차이, 가치관의 차이, 입장 차이에서 비롯된다.

정보량의 차이가 큰 경우에는 서로 가진 정보를 다 끄집어

내서 서로 간에 충분한 의견교환 없이는 합의하기가 어렵다. 가치관의 차이는 정보의 차이보다 더 주의를 기울여야 한다. 대립되는 가치 기준을 인정하면서 서로의 기준에 저촉되지 않는 선에서 논의하는 경우와 가치 기준을 깊숙이 파고 들어가서 논의하는 경우가 있다.

회의에 참가하다 보면 자신의 의견을 발표하는 시간보다 다른 사람의 의견을 듣는 것이 더 많다. 그래서 회의 참가자의 듣는 역할은 매우 중요하다. 남의 의견을 듣는 도중에는 적당한 때 피드백을 해주어야 한다.

회의가 계속 되다 보면 여러 가지 사항들에 대해 여러 사람들이 의견을 이야기 하게 된다. 도중에 지금까지의 토의내용에 대해 중간적인 정리를 하지 않으면 의견들이 뒤죽박죽된다. 듣는 역할자라고 하더라도 토의되고 있는 내용들에 대한 자신의 입장이나 의견을 피드백 한다. 어떤 때에는 아무런 반응이 없으면 발언자가 자신의 의견에 동의한 것으로 간주하고 다음 내용으로 넘어가 버린다.

또한, 경청의 바디랭귀지를 적절하게 보내야 한다. 말하는 사람은 듣는 사람의 영향을 강하게 받는다. 자신의 말을 잘 들어주고 수긍하는 표시를 보내주는 사람과는 대화가 잘된다. 진지하게 들어주면 말하는 사람이 더욱 열의가 생기고 찬성의

사를 적극적으로 표시하면 안심하고 말을 할 수 있다.

그 반대가 되면 말하는 사람은 스트레스를 받아 생각을 제대로 표현하지 못한다. 긴장하게 되면 말을 제대로 못하는데다 건성으로 듣고 있으면 말할 의욕도 사그라진다.

혼자만 아는 사람 vs. 공유하는 사람

삼성에서는 의견 불일치를 환영한다. 민주사회에서 만장일치로 의견이 통일되기가 쉽지 않다. 서로 다른 입장에서 다른 시각으로 보는 문제를 액면 그대로 받아들여야 객관적인 판단이 가능하기 때문이다. 한 사람의 독선을 위한 회의가 아닌 여러 사람들의 의견이 반영된 회의를 하기 위함이다.

삼성에는 여러 사람의 정보와 의견을 공유하는 '아리샘'이라는 지식공유 시스템(KMS; Knowledge Management System)을 운영하고 있다. 회의내용과 자료는 모두 아리샘에 등록시켜 모든 삼성인들이 수시로 참고할 수 있어 정보를 공유할 수 있다.

주제에 관한 정보를 가능한 많이 얻어야 할 필요가 있다. 서로 다른 의견들은 바람직할 수 있다. 즉, 다양한 의견들이 그때그때 제시되어야 한다는 뜻으로 그러한 의견 차이를 지금 해결하는 것이 나중에 더 큰 문제로 나타나는 것보다 낫다는 의미이다. 감정적인 면의 충돌은 억제한다. 서로 다른 의견은 의사결정 과정을 향상시킬 수 있지만 개인적이거나 감정 등으로 나타나는 의견의 차이는 도움은커녕 해가 될 수 있다.

마이크로소프트 빌 게이츠 회장은 "나와 같은 생각을 가진 사람을 내 주위에 두지 않는다."라고 말하기도 했다. 내가 생각해 본 적이 없는 문제를 상대방에게 꺼내 놓았을 때, 그것이 자신의 관심사항으로 들어오게 된 것을 감사하자. 이런 의견 불일치는 자신이 심각한 실수를 하기 전에 잘못된 점을 고칠 수 있는 기회가 될 수 있다.

혼다(Honda) 자동차 회사의 사훈 중에 "들어라. 물어라. 생각하라."라는 구절이 있다. 혼다는 세계적으로도 훌륭한 경영 시스템을 갖춘 것으로 정평이 난 기업이다. 혼다는 회사 내부에서 가장 논쟁이 많이 이루어지는 회사인 것이다. 바로 '건설적인 논쟁' 이것이 혼다가 노리는 회의방식이다.

또한 여러 부서 사이에는 서로 다른 시각들이 공존하고 있으며 그 모두가 각자의 목소리를 내도록 장려한다. 어떤 팀에는 핵심기술과는 거의 상관 없는 분야의 기술자가 한두 명씩 포함되어 있다. 때로는 비전문가의 엉뚱한 시각이 참신할 수 있다는 생각 때문이다.

또한 혼다는 사람 수마다 책상을 두지 않는다. 그 대신 커다란 회의용 탁자가 있어서 대부분 거기서 일을 한다. 여기서 다시 한번 의견교환을 통해 문제를 해결한다.

이렇게 업무환경 전체를 간이 회의공간으로 만들어 수시로 의견을 교환하고 비판하고 논쟁하도록 한 것이 경쟁력의 요소가 되고 있는 것이다.

SAMSUNG
CONFERENCE

삼성 SDI의 감성충전

최근 들어 기업의 회의문화가 바뀌고 있다. '회의는 지루하다' 라는 고정관념을 뒤엎는 이색적인 회의들이 업무효율을 높이고 딱딱한 직장분위기를 변화시키고 있는 것이다. 그 대표적인 업체로 삼성 SDI를 들 수 있다.

삼성 SDI는 업종의 특성상 기술 관련 회의가 반복되는 경우가 많아 회사분위기가 딱딱해지고, 서로 간에 감성적인 커뮤니케이션이 약해질 수 있는 약점을 지니고 있었다.

이러한 점을 해소하기 위해 삼성 SDI는 부장회의를 찜질방에서 했다. 회사 내에서 유니폼을 입고 관료적인 분위기에서 회의를 하는 것보다는 넥타이를 풀고 자연스러운 분위기에서 토론을 하는 것이 좋지 않을까 생각했던 것이다. 그리고 사전에 한 찜질방을 예약하여 장시간 땀을 흘려가며 자유로운 분위기에서 회의를 한다.

이런 찜질방 회의가 예상외로 좋은 성과를 내어 세계 최초로 30인치대 PDP(플라즈마 디스플레이 패널) 제품인 37인치 PDP 개발을 하기도 했다.

비단 찜질방 회의만이 아니라 이색장소에서의 회의는 다른 여러 회사에서도 시도되고 있다. 가장 보편적인 것이 식사를 하면서 하는 회의이다. 이미 조찬회의는 정식회로 자리를 잡고 있으며, 호프집 미팅은 젊은 사원들에게 인기이다.

이처럼 최근 기업들이 딱딱한 사무실을 벗어나 좀 더 참신한 아이디어를 낼 수 있도록 하기 위해 산, 호프집, 놀이공원 등 다양한 장소를 이용하는 것은 회의 참석자들로 하여금 자유분방한 의사를 표출할 수 있도록 분위기를 최대한 편안하게 만들어 주고자 하는 의도이다. 인간의 두뇌는 편안한 상태일 때 최상의 아이디어를 쏟아내기 때문이다.

이런 시도는 회의란 딱딱하고 지루하다는 개념을 깨고, 팀원들이 딱딱한 회의실에서보다는 몸과 마음이 자유로운 장소에서 좋은 아이디어를 내거나, 많은 비용을 들지 않으면서도 친목과 공동체 일원으로 소속감을 높이는 등 회의능률을 높이기 위함이다.

회의는 반드시 이성적이어야 한다는 고정관념을 깨고 감성을 중시하는 회의로 탈바꿈을 한 회의문화의 변신인 것이다.

Chapter 03

회의를 죽이는 사람과 살리는 사람

1분간 이야기 하고, 2분간 듣고, 듣는 중에 3번 수긍하라.

먼저 비판하는 사람 vs. 먼저 칭찬하는 사람

삼성의 회의에서도 문제에 따라서는 비판을 하기도 한다. 비판이 없는 회의는 죽은 회의나 다름없기 때문이다. 하지만 회의의 마지막에서는 건설적인 대안을 도출해 내고 잘해 보자는 격려로 회의를 마무리한다.

일부 계열사에서는 회의에서 발언의 시작을 '칭찬으로 시작하기'를 펼치고 있는데, 한 직원은 "회의 석상에서는 기를 죽이는 발언이 주를 이루는데, 서로 칭찬하다 보니 회의 분위기도 좋아질 뿐더러 자신의 생각을 더 활발히 발언하게 되는 일

석이조의 효과가 있다."고 말하면서, 작은 칭찬이 즐겁고 활기찬 근무환경을 만드는 것 같다고 강조했다.

최근 LG전자에서는 '감동그룹장' 제도가 화제가 되고 있다.

"윗사람도 칭찬을 받으면 힘이 납니다. 상사를 칭찬해 주세요."

비단 아랫사람만 칭찬을 받는 것이 아니라 윗사람도 칭찬을 하면 좋아한다. 직원들이 훌륭한 상사를 뽑아 '감동그룹장' 으로 선정하고 칭찬해 주는 이 제도는 '칭찬은 상사가 부하 직원에게 하는 것' 이라는 고정관념을 깬, 일종의 '거꾸로 칭찬' 시스템이다. LG전자는 '칭찬을 많이 받아 본 사람이 남도 더 많이 칭찬할 수 있다' 는 취지에서 이 제도를 도입했다.

사업부장은 감동그룹장으로 선정된 상사를 불시에 찾아가 직원들 앞에서 선정이유를 밝히고, 그간의 노고를 아낌없이 칭찬하고 격려한다. 다만 해당 상사를 추천한 직원이 누구인지는 공개하지 않는 것이 원칙이다.

감동그룹장으로 선정된 부장은 "내가 보여준 작은 관심이 직원들에게 감동을 주었다는 사실을 깨달은 것이 더 큰 소득" 이라고 자부심을 느낀다.

이렇게 같은 조직 내의 사람들끼리 서로 칭찬하다 보면 분위기도 화기애애하게 될 뿐더러 업무능률도 올라가기 마련이다. 칭찬을 받은 사람은 자신에 대한 관심에 부응하기 위해 좀 더 분발하게 되고, 욕심 많은 사람들은 더 많은 칭찬을 듣기 위해서라도 좀 더 노력하게 된다.

회의가 부정적인 관계로 악화되는 것을 막기 위해서는 상대의 좋은 면을 보아야 한다. '불가능하다'가 아니라 '실행가능성이 있다'는 식으로 말하자.

참가자가 이러한 접근방식으로 회의에 참여하면 건설적이고 협조하는 회의 분위기가 형성된다. 마땅하게 내놓을 좋은 제안이 아무 것도 없다면, 다른 사람의 아이디어를 칭찬함으로써 궁색한 아이디어를 대신해 보는 것도 괜찮다.

지시하는 사람 vs. 토론하는 사람

어느 조직에서나 상급자는 지시하기를 좋아한다. 하지만 회의는 업무 지시를 하는 곳이 아니다. 삼성에서는 업무 지시를 회의에서 하는 것이 아니라 개별적으로 한다. 회의에서는 오로지 주어진 주제를 놓고 토론하여 중지를 모으는 데 집중하고 있다.

회의를 하다 보면 사실은 상대방의 의견에 공감하면서도 자신의 의견을 고집하면서 말꼬리를 잡고 공격하는 사람들이 많다. 이런 사람들은 상대방에 대한 평판을 깎아 내리는 데 급급하다. 회의장이란 원래 싸움을 하는 장소가 아니다. 이런 싸움이 벌어진다면 이는 회의라고 할 수 없다.

회의에서 논쟁은 좋지 않다. 반면에 건설적 논쟁은 꼭 필요하다. 이 차이는 무엇인가?

논쟁은 상대방의 관점을 바꾸려고 하는 강압적인 시도이다. 그래서 한 사람이 '이기면' 다른 사람은 '지게' 된다. 그러나 건설적 논쟁은 모든 사람들에게 가장 좋은 해결책을 찾기 위해 의견을 교환한다. 즉, 가장 만족스러운 상황을 만들려는 시도인 것이다. 그렇다면 건설적 논쟁을 위해서 어떤 노력을 해야 할까?

회의는 논리력이나 토론방법을 연습하는 곳이 아니라 자기 주장과 능력을 부각시키는 곳이다. 회의를 통해 사회성과 전문적인 능력을 십분 발휘할 수 있도록 노력한다.

① 자신의 의견이 거부 당할까 두려워서 아무 의견도 내지 않으면 자신에게 불리해진다.

② 회의를 통해 팀워크뿐만 아니라 리더십을 증명할 수 있다.

③ 적극적으로 토론에 참여해 자기의 의견을 발표해야 한다.

토론은 발표된 아이디어에 대한 평가를 허용하기 때문에 자기 아이디어를 제안하고 나면 다른 사람들이 이에 대해 반대하거나 비판할 수가 있다. 다른 사람들의 부정적인 평가에 대응하는 방식은 '자신의 입지를 얼마나 고려하느냐', '상대방의 입장을 얼마나 생각해 주느냐', 그리고 '두 사람 사이의 관계를 얼마나 중시하느냐'에 따라 크게 달라진다.

　　자신의 입지를 너무 중시하면 매우 공격적으로 대응하게 되고 반대로 자신의 입지를 너무 낮추면 아주 비공격적인 방법으로 대응하게 된다. 또 상대방의 입장을 많이 고려하면 매우 협조적으로 대응하게 되며 이를 무시하면 매우 비협조적으로 대응하게 된다.

　　자신의 입장과 상대방의 입장을 동시에 고려하는 것은 둘 사이의 관계를 중시하는 것이고, 이 두 입장을 동시에 무시하는 것은 둘 사이의 관계를 별로 중시하지 않는 처사이다.

　　토론에 참여하는 사람들은 누구나 다른 사람들의 관심과 사랑을 받고 싶어 하고, 자기가 좋아하는 사람들이 자기를 그들 중의 한 사람으로 받아들여주기를 바란다.

　　그래서 토론을 할 때는 다른 사람들의 이런 심리를 이용하는 것, 즉 일체감 조성 기법을 사용하는 것이 좋다. 자신이 상대를 좋아하고 있다는 것을 직접 또는 간접적으로 표명함으로

써 상대의 협조의식을 고취시키는 일체감 조성 기법은 다음과
같다.

① 상대방과의 유사성과 공통점을 강조하라.
② 상대를 향하여 친근하게 행동하라.
③ 반대를 해야 하는 경우에도 일단 동의한 다음에 반대하라.
④ 상대를 칭찬하라.
⑤ 상대의 심정을 이해하고 있음을 즉, 공감하고 있음을 보여라.
⑥ 서로가 협조해야 함을 강조하라.

군림하는 사람 vs. 동등하게 대하는 사람

경직된 조직에서는 상급자가 군림하여 회의를 자기주장대
로 이끌어 가고자 한다. 그러나 삼성에서는 회의 석상에서 참
석자가 동등한 입장으로 자기의 의견을 발표하도록 하여 중지
를 모으고 있다. 회의 중에는 직급에 관계없이 한 사람의 참석
자로서 의견을 발표한다.

회의의 종류가 단지 내용만을 전달하는 것이라면 상관없지
만 창조적인 아이디어를 필요로 하는 회의라면, 참석자들이

동등한 입장에서 회의할 수 있는 분위기를 만들어 주는 것이 중요하다.

상사와 부하 직원이 함께 참여하는 회의에서 상사는 "의견을 자유롭고, 솔직하게 말하시오."라고 말하지만, 회의가 시작되면 머릿속으로는 솔직한 발언에 대해 부정하고 가로막는 경우가 많다.

부하 직원이 자기 생각과 의견을 자유롭게 말할 수 있도록 하는 환경을 만들 수 있는 사람은 다름 아닌 상사(매니저)뿐이다. 따라서 상사는 회의에서 어떻게 부하 직원이 토의에 활발히 발언할 수 있게 할 것인가를 염두에 두어야 한다. 그리고 고압적이고 권위를 내세운 발언은 절대 삼가해야 한다. 상하관계가 개입되면 직급이 낮거나 어린 사원들의 기발한 정보는 묻혀버릴 수도 있다.

이러한 상황을 대비해 호칭을 없애고 자유로운 의사소통을 활성화하려는 시도도 곳곳에서 눈에 띈다. 상명하달식에서 벗어나 수평적 의사소통을 가능하게 함으로써 직원들의 창의성을 이끌어낼 수 있다는 취지에서 '호칭파괴' 역시 확산되는 분위기다.

아울러 형식이나 장소 등에 연연하지 않고, 직급이나 연차에 구분 없이 회의 참가자 모두가 적극적으로 나서는 '난상토론식' 스타일이 급부상하고 있다. 그러기 위해서는 먼저 동등한 호칭을 사용해야 한다.

"OOO님"으로 호칭을 통일하도록 하면, 부하 직원들이 처음에는 나이 많은 상사들의 이름에 님을 붙여 부르기를 쑥스러워 한다. 그러나 호칭 통일 후 상명하달식 회의가 자연스럽게 의견교환 회의로 변하면서 회의에 임하는 태도가 달라진다. 자신의 업무와 의견에 대해 상사와 같은 무게의 책임감을 느끼게 되는 것이다.

제일기획은 삼성그룹계열의 광고대행사이다. 광고대행사의 특성상 창의성과 아이디어가 매우 중요한 회사이다. 이 회사는 아이디어 중심 경영을 선포하고 직원들의 창의적인 아이디어를 키워내기 위해 '노노 미팅'을 실시 중이다.

넥타이를 맨 사람들끼리 모여서 딱딱한 분위기에서 회의를 하면 참신한 아이디어가 나오지 않는다고 생각하여 모두가 넥타이를 푼 노타이(No tie)로 회의를 한다. 또한 회의 중에 OO부장님, XX이사님 등의 호칭을 부르게 되면 하위 직급자들의 아이디어가 무시되는 경향이 있는 바 이에 호칭을 부르지 않는 노타이틀(No title)이다.

격식을 없앤다는 의미에서 노타이, 직급의 벽을 없앤다는 의미에서 노타이틀, 이를 줄여서 노노 미팅(No No Meeting)

이라 한다.

젊은 직원들의 창의성과 자신감을 심어주기 위해 휴게실에 만화책을 갖추어 놓고 크리에이티브 존(Creative Zone)이라고 한다. 또한 매주 금요일 오후에는 전 직원이 모여서 자유로운 대화를 하는 와우 프라이데이(Wow Friday)를 개최한다. 와우 프라이데이에는 간단한 다과를 준비해 놓고 신입 입사자를 소개하거나 새로운 광고주 개발을 축하하는 이벤트를 가짐으로써 직원들이 와우(Wow)라는 감정을 갖도록 한다.

회의를 하면서 많은 사람들이 실수하는 것 중의 하나는 자신의 의견만 고집하는 경우이다. 성격이 급하고 다혈질인 사람의 경우, 이러저러한 근거를 따져보고 관련 자료를 통해 자신이 맞다는 판단을 하게 되면 회의 석상에서도 굽힐 줄 모르는 강인한 의지를 보인다. 그렇게 되면 자칫 상대를 부정하고 공격하는 쪽으로 빠지기 쉽다.

자기 의견이 옳다고 열 번, 백 번 주장하는 것보다 상대가 틀렸다는 것을 증명하는 쪽이 논의의 주도권을 잡기 쉽고, 그것이 자기 정당성을 증명하는 가장 손쉬운 방법이기 때문이다. 하지만 이것이 회의 기조가 된다면 수준 있는 적극적인 논의는 할 수도 없게 된다.

잠깐만 말해도 말꼬리를 잡고 늘어져서는 누구도 말할 마음이 나지 않는다. 오히려 말을 삼가고 침묵하자는 분위기가 형성되기 마련이다. 또는 다른 사람의 흠을 들추어내는 데 열중하게 될지도 모른다. 이러한 분위기 속에서는 회의가 원활하게 진행되지 않을 뿐 아니라 참가자들의 인간관계마저 약화되는 경우가 생긴다.

'커뮤니케이션'이라는 단어에는 '남과 나누어 가지다'라는 의미가 담겨 있다. 내 의견을 주입하는 것이 아니라 남과 내 의견을 나누어 가진다는 것이다.

회의에서는 상대방이 자신의 의견을 발표할 권리가 있다는 사실을 인정하고 존중하도록 해야 한다. 상대가 말한 의견이 우리 사회의 상식에 배치되더라도 그 의견을 존중할 때 회의는 활성화될 수 있다.

기업의 문화는 튀는 아이디어를 충분히 존중하고 받아들여야 한다. 조직원들이 '모난 돌이 정 맞는다'라든가, '가만히 있으면 중간은 간다'는 등의 자기방어 심리에 빠지지 않도록 하는 일이 중요하다.

동조하는 사람 vs. 반대하는 사람

어느 조직이나 회의에서나 반대하는 사람과 동조하는 사람이 있기 마련이다. 반대가 없는 회의는 어찌 보면 회의가 아니라 업무 지시인 것이다. 삼성에서는 무조건 반대 의견을 금하는 것이 아니라 반대를 위한 반대를 금하고 있다. 정확한 근거와 자료를 배경으로 한 반대는 적극 권하고 있다.

회의를 잘 운영하기 위해서는 말하는 것만큼 중요한 것이 '듣는 것'이다. 의사소통은 쌍방향으로 이루어지는 것이며, 회의는 이런 의사소통이 모이고 쌓여 이루어지기 때문이다. 하지만 '듣는 것'은 '말하는 것'보다 몇 배의 집중력을 필요로 한다.

말하는 사람은 듣는 사람이 그 말을 모두 이해하고 있다고 과신하는 경향이 있다. 이 때문에 듣는 사람이 흥미를 못 느끼고 이해하지 못했는데도 아무렇지도 않게 계속 이야기한다. 그러나 이렇게 방치하면 혼란이 일어나고 벌어진 의사소통의 틈은 커질 뿐이다. 하지만 이것은 말하는 사람만의 책임은 아니다.

말하는 사람은 듣는 사람의 영향을 강하게 받는다. 자신의 말을 잘 들어주고 수긍하는 표시를 보내주는 사람과는 대화가 잘된다. 진지하게 들어주면 말하는 사람이 더욱 열의가 생기고 찬성의사를 적극적으로 표시하면 안심하고 말을 할 수 있다. 그 반대가 되면 말하는 사람은 스트레스를 받아 생각을 제대로 표현하지 못한다. 긴장하게 되면 말을 제대로 못하는데다 건성으로 듣고 있으면 말할 의욕도 사그라진다.

듣는 사람이 이러한 분위기를 바꿀 수도 있다. 이를 위해서는 무엇에 흥미를 갖고 있는지, 무엇을 이해하고 무엇을 이해하지 못했는지에 대해 적절하게 맞장구를 쳐주는 것이 좋다. 소리를 내는 것, 눈으로 전하는 것, 제스처로 전하는 것 등이다. 제스처 중에서도 '고개를 끄덕이는 것'은 열의를 전하는데 빠질 수 없는 맞장구이다.

다른 사람들의 이야기를 들을 때 아무런 반응도 보이지 않는 사람이 있다. '너무 듣는 데 열중해서'라고 한다면 할말이 없지만 말하는 사람의 기분은 어떠하겠는가? 말하는 이는 자신의 이야기가 잘 전달되고 있는지에 대해 불안하고 답답할 것이다. 그러므로 말하는 이가 이러한 기분이 들지 않도록 반응을 해주는 것을 잊어서는 안 된다.

잘 경청을 하고 있다는 메시지를 상대에게 보내는 바디랭귀지(Body language)는 여러 가지가 있다. 소리로 맞장구 치는 것, 표정이나 눈으로 하는 것, 열심히 메모를 하는 것, 제스처를 하는 것이 있다.

제스처 중에서 고개를 끄덕이는 것이나 가벼운 미소를 보내는 것은 상대에게 좋은 인상을 줄 수 있다. 비즈니스 미팅에서 중요한 내용이나 자료들이 나올 때 메모를 하는 것도 발표자에게 잘 듣고 있다는 바디랭귀지가 될 수 있다.

모호하게 말하는 사람 vs. 정확하게 말하는 사람

삼성의 회의에서는 모호한 추측이나 소문에 근거한 '카더라' 통신의 내용을 발표할 수가 없다. 본인이 직접 조사한 내용을 정확하게 표현해야만 한다.

삼성에서는 이러한 발표기술을 평소에 훈련시키고 있다. 개인의 대화능력을 계발시키는 제도가 있는데 그것을 '3분 조회'라 한다. 3분 조회는 학창시절의 담임선생님이 하던 그런 아침 조회가 아니고 팀원 중에서 1명이 돌아가면서 3분간 업무 전달사항이든 개인 연설이든 간에 자유로운 주제로 팀원들에게 공지하는 시간이다.

팀 단위로 실시하고 있는데 발표주제에는 제한이 없으나 누구나 한 번씩 교대로 발표를 해야 한다. 처음에는 주제 선정도 어렵고 3분간 이야기 하는 것조차 힘들다. 일정한 시간을 주고 하나의 주제로 논리정연하게 다수의 청중 앞에서 이야기 한다는 것이 말을 잘하는 사람도 부담이 되기는 마찬가지이다.

남 앞에서 자기 자신을 표현하는 법에 익숙치 못한 우리 국민성 때문에 더욱 부담스러워 한다. 그래서 이 제도를 기피하는 경향이 있어 일부 팀 사이에서는 벌칙(?)으로 운영되기도 한다.

즉, 지각을 하거나 잘못을 했을 때 벌칙으로 다음날 3분 조회 발표를 시키는 것이다. 발표하는 당사자 입장에서는 처음엔 부담스럽지만 실제로 운영되는 과정에서 발표력 및 대인공포증 해소 그리고 주제별 요약 능력 등 개인들의 역량을 키워나간다.

3분 조회는 일과의 시작이고, 팀원과 비업무적으로 접촉이 어려운 삼성의 바쁜 일과 속에 팀원 간의 유대관계를 원활히 하는 데에 많은 도움을 주기도 한다. 이러한 조회가 반복적으로 실시됨에 따라 직원들은 서서히 자신감을 얻고 나름대로 주제 선정과 발표요령을 터득하게 된다. 이런 훈련은 실제로 회의 과정에서 3분간 조리 있게 자기의 주장을 발표할 수 있게 해준다.

이처럼 삼성은 요약된 자료와 3분 간의 발표능력을 통해 회의를 매끄럽게 이끌고 있다. 3분 조회로 개인의 표현능력 배양, 도란도란 대화로 팀 간의 자연스러운 의사소통 그리고 사장과의 대화로 전 계층 간의 막힘 없는 의사소통이 이루어지도록 하여 사원만족에 세심한 배려를 하고 있다.

삼성에서는 이처럼 회의 참석자 모두가 자기 의견을 발표할 수 있는 역량을 계발시키고 있다.

최근 LG전자가 도입한 토론원칙은 '3-10-30'이다. 발표내용은 3장 안에 담을 수 있어야 하고 발표시간은 10분을 넘기지 말아야 하며, 나머지 20분은 질의응답으로 총 30분을 넘기지 말아야 한다.

발표내용을 3장으로 제한한 것은 업무의 중요도와 우선순위를 더욱 고민하게 만든 것이다.

10분 간의 발표시간은 자신의 업무를 정확히 꿰뚫고 있는가를 테스트하는 장치이다. 30분 제한은 20분 질의응답이 하이라이트이다. 일방적인 커뮤니케이션이 아니라 쌍방향 의사소통으로 결론을 도출한다는 점이다.

회의시간에 말하는 사람이 애매한 표현을 하면, 듣는 사람은 그 부분을 추측해야 하기 때문에 그 사이에서 오해가 생길 수 있다. 그러므로 쓸데없는 오해나 이해부족을 방지하기 위해서는 모호한 표현을 피하고 의사를 명확히 하도록 해야 한다.

자기 의사를 정확히 표현하기 위해서는 모호한 표현을 사용하지 말아야 한다.

일본 IBM에서는 작업의 진척 정도를 보고하는 '진척회의'가 열린다. 이메일로 보고해도 충분할 것 같지만, 개개인이 자신의 담당분야가 프로젝트 전체에서 어디에 해당하는지 이해할 수 있게 하려면 한자리에 모여서 논의하는 것이 가장 효율적이라는 판단 때문이다.

　이 회의에서는 "거의 끝났습니다", "아마 가능할 겁니다", "대체로 문제가 없습니다"와 같은 불투명한 표현은 쓸 수가 없다. 프로젝트가 지연되는 요인 및 해결책을 밝혀내고 책임자와 기한을 효율적으로 분담하기 위해서는 정확한 상황파악이 꼭 필요하기 때문이다.

　이러한 사항은 일본 IBM이 20년 전부터 실천해온 커뮤니케이션 매뉴얼에도 명기되어 있다. '대체로', '대략', '거의', '아마', '라고 생각한다', '어느 정도', '조만간' 등 애매모호한 표현을 하지 못하게 했다. 전원이 규칙을 이해하고 있으므로 출석자가 아무리 많아도 긴장감을 잃지 않는다.

영어로 회의를 진행하는 삼성 SDS

삼성은 국내 기업의 단계를 넘어서 세계 도처에 생산기지를 운영하고 있다. 해외에서는 현지 직원의 비율이 나날이 높아지고 있으며 일부 지역에서는 현장 최고 책임자가 현지인인 경우가 많다. 이들과 업무협의를 할 때에는 영어를 사용해서 회의를 한다.

이러한 추세에 발맞추기 위해 정보통신회사인 삼성 SDS에서는 매월 1회 정기적으로 영어로 회의를 하고 있다. 삼성 SDS는 SI(System Intergration) 업체로 삼성그룹의 전산 시스템을 맡고 있는 IT(정보통신)회사이다. 아직은 영어회의가 익숙하지 않지만 미래를 대비해 훈련을 하고 있다. 즉, 이런 방법을 도입함으로써 영어 구사능력을 향상시키면서 동시에 영어회의에 대한 거부감도 없애는 이중효과를 노리고 있다.

아직 초기 단계인 영어회의는 활발한 자유 토론식보다는 주제를 정해서 한 사람이 발표를 하고 그 주제에 관하여 토론을 한다.

현재는 삼성 SDS가 시범적으로 영어회의를 실시하고 있으며, 팀별로는 국제전화로 국제 컨퍼런스 회의를 하는 경우가 많아지고 있다.

첨단 해외기술을 도입해 사용하는 관계로 외국인 고용인뿐 아니라 해외인력들이 유입되는 바람에 이제는 영어회의가 큰 거부감 없이 이루어지고 있다.

비단 삼성 SDS 외에도 외국기업이나 합작회사의 경우에는 '영어회의'가 자리잡은 지 이미 오래됐다. 또한 국내 기업들 사이에서도 '영어 바람'이 거세게 불면서 임원회의나 이사회 등을 영어로 진행하는 업체들이 늘어나고 있다.

이같은 추세 때문에 직장인의 영어학습은 가히 열풍이라 할 수 있다. 최근 몇 년 사이 국내에 진출한 외국계 기업의 급증으로 외국 경영기법과 기업문화의 영향이 강해지면서 국내 업체에까지 영향을 미치고 있기 때문이다.

이런 추세를 반영하듯이 국내 기업들에서 영어성적이 승진에 주요 지표로 사용되고 있다.

CONFERENCE

Part **3**

정확한 실행의
프로세스를 갖추어라

회의 과정을 분석하라

측정하지 않으면 행해지지 않고 고쳐지지도 않는다. – 퍼시 바네빅

    예전의 삼성은 다른 회사와 마찬가지로 '회의병'에 걸려 있었다. 삼성 역시 회의가 많기로 유명했으며 잦은 회의와 회의 시간이 다른 회사들과 비슷했다.

    하지만 삼성은 이를 진단하고 개선하려고 노력했다. 다른 회사에서 2~3시간 회의할 내용을 삼성에서는 1시간 내에 하려고 했다. 그리고 다른 회사에서는 3~4시간 회의를 해도 의사결정이 잘 나지 않지만 삼성에서는 빠른 의사결정을 내고, 의사결정된 내용은 곧바로 실행으로 연결된다. 그래도 회의가 많고 비효율적이라고 생각하여 계속해서 회의문화 개선을 위해 노

력한 것이다.

삼성그룹의 경영혁신의 중심에 있는 것이 6 시그마(Six Sigma)이다. 삼성의 회의문화도 예외일 수는 없었다. 대부분의 시간 때우기식 회의나 상사로부터 일방적으로 통보 받는 회의 또는 보고를 위한 회의라는 잘못된 회의문화를 바꾼 삼성은 회의 역시 6 시그마 활동에 입각해 개선하고 있다.

다른 회사들은 외형적인 수정을 하는 수준에 불과하지만, 삼성은 6 시그마의 정의, 측정, 분석, 개선 관리의 단계를 거쳐서 실질적인 회의문화 개선을 꾀하였다.

첫 단계는 정의(Define) 단계로, 먼저 회의문화 개선의 필요성과 개선 후 효과를 정의한다.

회의의 문제점에 관련된 자료를 객관적으로 수집한다. 자료 수집은 직접 임직원을 상대로 설문조사를 실시해 수집하고, 설문조사에서 나온 문제점을 기초로 해 개선목표를 설정한다.

두 번째 단계는 측정(Measure) 단계로, 회의 만족도에 영향을 주는 인자들을 측정하여 우선순위를 매긴다.

세 번째 단계는 분석(Analyze) 단계로, 수집된 자료를 객관적으로 분석하여 철저한 검증을 한다.

우선순위나 중요도를 분석하는 방법으로는 전통적인 통계기법, 그래프 그리고 GAP 분석 등을 활용해 정확한 분석을 한다.

네 번째 단계는 개선(Improve) 단계로, 창의적인 아이디어 발상을 통해 회의문화 개선방법을 도출한다.

그 다음 도출된 다양한 아이디어가 가지고 있는 위험요소와 장애요인을 분석해 현장에서 바로 적용할 수 있는 개선책을 마련한다.

마지막 단계는 관리(Control) 단계로, 개선 단계에서 확인된 성과를 지속적으로 유지, 관리하기 위한 지속적인 관리활동을 하고 있다. 개선 단계에서 도출된 관리방법을 표준화하여 관리하고 있다.

회의문화 개선 관리를 단지 일과성으로만 그치는 것이 아니라 지속적으로 피드백하여 관리하고 있다.

1단계 : 정의

삼성테크윈에서 2006년에 회의문화 개선을 위해 무엇을 어떻게 바꾸어야 할지를 알기 위해 조사를 하였다. 회의문화를 구성하고 있는 요소를 4가지로 나누어 조사했으며 조사항목은 다음과 같다.

1. 준비 단계

회의 목적 정의 / 회의 일정 수립 / 회의 참석자 선정 / 회의 자료 준비 / 사전 정보 제공

2. 회의운영 단계

참가자의 회의 목표 의식 / 명확한 의사전달 / 적절한 의사 결정 / 회의시간 준수 / 자유로운 회의 분위기

3. 사후정리 단계

회의록 정리 / 회의록 배포

4. 회의 인프라(Infra)

회의 예약 시스템 / 회의실 비치 기구 / 회의실 환경

이상의 항목들을 설문지로 작성하여 관리자와 사원들을 대상으로 하여 조사하였다.

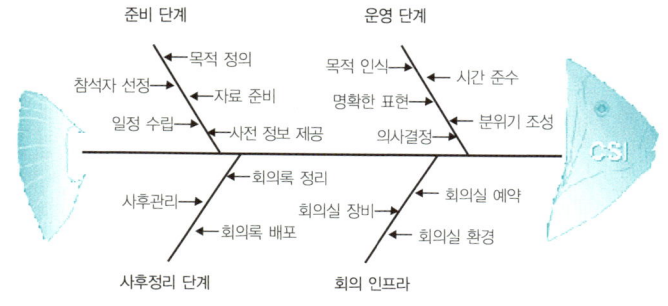

준비 단계   운영 단계

목적 정의   목적 인식   시간 준수
참석자 선정   자료 준비   명확한 표현   분위기 조성
일정 수립   사전 정보 제공   의사결정

CSI

회의록 정리   회의실 예약
사후관리   회의실 장비
회의록 배포   회의실 환경

사후정리 단계   회의 인프라

2단계 : 측정

회의준비, 운영, 사후정리, 인프라의 4가지 부문이 현재 어떤 상태인지 알기 위해 직원의 만족도 조사를 실시했다. 조사는 간부와 사원으로 구분해 직급 간 차이를 알아보았다.

간부급에서 단계별로 만족도가 낮은 항목은 52.5%의 만족도를 보인 회의준비 단계이고, 높은 항목은 70.2%인 만족도를 보인 회의 인프라(Infra)였다. 회의실 환경은 좋은 편이나 회의준비가 잘 안 되고 있다는 반증이다.

소항목별로 50% 이하의 만족도를 보인 항목은 다음과 같다.

■ 간 부 ■

구 분	CSI지표	항 목	CSI지표
회의준비 단계	52.5%	• 회의 목적 정의	56.4%
		• 회의 일정 수립	57.9%
		• 회의 참석자 선정	52.1%
		• 회의자료 준비	54.1%
		• 사전 정보 제공	42.9%
회의운영 단계	50.4%	• 참석자의 회의목표 인식	50.0%
		• 명확한 의사전달	55.7%
		• 적절한 의사결정	45.7%
		• 회의 시간 준수	31.4%
		• 자유로운 회의 분위기	59.3%
사후정리 단계	54.6%	• 회의록 정리	59.3%
		• 회의록 배포	57.9%
		• 사후관리	48.6%
회의 인프라	70.2%	• 회의 예약 시스템	72.9%
		• 회의식 비치 기구	70.0%
		• 회의실 환경	69.2%

■ 사 원 ■

구 분	CSI지표	항 목	CSI지표
회의준비 단계	48.3%	• 회의 목적 정의	58.3%
		• 회의 일정 수립	48.6%
		• 회의 참석자 선정	52.6%
		• 회의자료 준비	46.9%
		• 사전 정보 제공	38.9%
회의운영 단계	49.9%	• 참석자의 회의목표 인식	51.4%
		• 명확한 의사전달	53.1%
		• 적절한 의사결정	48.0%
		• 회의 시간 준수	38.9%
		• 자유로운 회의 분위기	52.6%

구 분	CSI지표	항 목	CSI지표
사후정리 단계	53.1%	• 회의록 정리	59.4%
		• 회의록 배포	58.3%
		• 사후관리	44.6%
회의 인프라	60.6%	• 회의 예약 시스템	62.9%
		• 회의식 비치 기구	61.0%
		• 회의실 환경	59.4%

회의시간 준수 31.4%

사전 정보 제공 42.9%

적절한 의사결정 45.7%

사후관리 48.6%

사원들을 대상으로 한 조사결과도 간부급과 비슷한 현상을 보이고 있다.

이 조사에서 회의의 사전 정보 제공이 안 되고 있으며 회의 시간의 준수가 안 되는 것에 가장 불만족하고 있음을 알 수 있다. 또한 적절한 의사결정과 사후관리 또한 해결해야 할 숙제로 지적되고 있다.

3단계 : 분석
지금 이 시간에도 많은 회사에서 주간회의, 월간회의, 정례

회의 등 수많은 회의가 열리고 있다. 그러나 정작 이렇게 많은 회의가 업무에 반영되지 않는다면 회의는 의미가 없다.

삼성에서는 모든 계열사가 매월 경영실적회의를 한다. 한 달간의 업적을 보고하고 평가 받는 회의로 월중 최대 행사이다.

회의장은 마치 국정감사장을 방불케 한다. 각 부분의 사업부장인 임원들이 전원 참석하고 그 뒤에는 사업부의 팀장들이 배석한다. 각 부분별로 실적을 발표하는 데 거의 2시간 이상 걸리고 사장의 강평은 약 1시간 정도 걸린다. 주로 실적부진에 대한 질책 중심이다. 매월 치루는 홍역인 셈이다.

이날은 주요 간부들이 모두 회의에 참석하기 때문에 업무가 마비되다시피 한다. 바로 전날은 예상 질문과 답변을 준비하기 위해 각 사업부별로 사전 리허설이 벌어진다. 단지 실적보고를 위해 엄청난 시간과 노력이 허비되는 것이다.

삼성전기의 임원들이 회의에 할애하는 시간을 보면 삼성 역시 한때는 회의가 많았다. 그 시간을 분석해 보았다.

업무시간 중 회의시간의 비중이 가장 높은 사람은 부사장급으로 48%를 회의에 사용했다. 회의시간으로는 상무급이 최대 100시간이고 평균 월 50시간으로 가장 많았고, 횟수 역시 최대 48회이고 평균 월 24회로 거의 하루에 1회 이상 회의를 하는 것으로 나타났다. 그러나 삼성전기는 혁신을 통해 회의가 보다 생산성 있게 진행될 수 있도록 하였다.

삼성전기에서 회의의 문제점을 조사해 보았더니, 실제로 회의자료를 작성하는 직원들의 소리는 다음과 같았다.

'자료는 임원 교육용으로 만드는 것 같다.'

'시스템에서 볼 수 있는 자료도 따로 작성하게 한다.'

'내용보다는 외형에 크게 신경 쓰는 것 같다. 일반 문서를 모두 PPT로 다시 작성한다.'

'자료의 질보다는 양으로 승부하려는 것 같다.'

결론적으로 삼성전기의 문제점은 다음과 같이 요약되었다.

① 자료 역시 질보다는 양이고, 내용보다는 시각적 효과에만 치중했다.

② 반복적인 임원들의 검토회의로 잔업과 휴일근무가 잦았다.

③ 실제로 회의에 임해서는 설명이 90분이고 정작 중요한 토론은 10분도 안되었다.

④ 참석자는 많은데 발언은 회의 주재자와 설명자 등 극히 소수만 발언을 하고 만다.

4단계 : 개선

삼성전기에서는 회의를 일단 반으로 줄였다(eliminate). 그리고 유사한 회의는 통합했다(combine). 그래도 안 되면 간소화 시켰다(simplify).

이처럼 회의를 줄이기 위해서는 다음 5가지를 실천해야 한다.

① 불필요한 회의 그 자체를 없앤다.
② 회의를 통합한다.
③ 회의횟수를 줄인다.
④ 회의시간을 단축한다.
⑤ 참석자 수를 줄인다.

비단 회의에 대한 문제뿐만 아니라 회의자료에 관해 삼성전기에는 이런 농담이 나돈 적이 있었다.

"우리가 자랑할 수 있는 3대 기술과 8대 제품이 있는데 여기에 반드시 추가할 기술과 제품이 하나 더 있다. 그것은 '파워포인트(PowerPoint) 쓰는 기술'과 '보고서'라는 제품이다."

그리고 또 "삼성전기의 경쟁력은 무엇인가?"에 대한 답은 "PPT 작성 능력이다."라는 것이다.

회의자료를 만들고 발표하는 일이 얼마나 중요했는지를 보여주는 극명한 사례이다. 바로 회의자료와 보고서의 문제였다. 회의자료와 보고서를 만드는 데 시간이 많이 걸리고 또 보고서대로 실행도 안 되어 회의무용론이 나올 지경이었다.

삼성전기는 이러한 문제점을 해결하기 위해 과감하게 회의문화 혁신을 감행했다.

첫째, 보고자료를 대폭 줄여 남는 시간을 업무 개선과 창의력 발굴에 사용하도록 했다. 첨부자료는 시스템을 활용하거나 원시 데이터를 그대로 사용한다.

둘째, 문서작성 기준을 통일했다. 자료의 분량, 형식, 색상, 양식 등을 통일하고 보고자료는 항상 1매 이내, 발표자료는 5매 이내로 제한했다.

셋째, 회의횟수를 절반으로 줄이고 회의시간도 1시간에서 최대 2시간을 넘지 않도록 한다.

넷째, 현안보고는 최대한 줄이고 현안과제를 놓고 결정하는 회의로 전환했다. 그리고 모든 보고와 결재는 사내 전자 메일인 싱글(SINGLE)로 하기로 했다.

삼성에서는 회의평가 결과를 주관 부서에 통보하여 다음 회의에 피드백(feedback)하여 좋은 회의가 될 수 있도록 하고 있다. 회의의 평가를 토대로 다음 회의를 위해 개선할 점을 찾아내서 피드백을 해야 한다.

삼성은 회의를 한 후 평가결과를 토대로 다음 회의를 보다 생산적이고 창의적인 회의로 만들어 가기 위해 지속적으로 노력하고 있다. 회의 개선 비결은 회의의 전 과정에 걸쳐 실행되고 있다.

■ 진행 전
신중하게 계획을 세운다. / 사전에 회의 개최 통지서를 배포한다. / 일찍 회의실에 들어가 준비한다.

■ 회의 시작에 임해서
정각에 시작한다. / 참석자를 소개하고, 회의에서 무엇을 기대하는지를 발표하게 한다. / 역할을 정해 둔다. / 의견을 검토, 수정, 정리한다. / 시간 제한을 한다. / 지난번 회의의 '해야 할 일'을 점검한다.

■ 회의 중
한 번에 한 가지 의제만 토의하도록 한다.

5단계 : 관리

회의 결과를 평가하기 위해서 회의가 끝나면 곧바로 회의 설문지를 배부하여 분석해야 한다. 설문지는 회의 참석자 전원에게 배부하여 그 결과를 받는다. 그 결과를 책임자에게 빠른 시간 안에 보고를 하고 다음 회의에 반영해야 한다. 회의 평가는 효과적인 회의를 만들기 위한 핵심이다.

인텔은 매우 진지하게 회의를 진행하는 조직으로 알려져 있다. 인텔의 공장과 사무실의 회의실 벽에는 "회의의 목적을 알고 있습니까?", "회의의 안건이 있습니까?", "당신의 역할을 알고 있습니까?"라는 짧은 질문의 포스터가 붙어 있는데, 회의가 끝나면 참가자들은 마음속으로 회의실 벽에 붙어 있는 질문에 스스로 대답을 하도록 되어 있다.

"나는 왜 이곳에 있었나?", "나는 준비가 잘 되었나?", "해결한 것은 무엇인가?"

회의를 평가하는 가장 일반적인 방법은 참가자들이 평가하는 형태이다. 그리고 평가의 가장 간단한 방법은 회의가 끝나고 돌아가면서 피드백을 하는 것이다.

· 안건에 대해서 미리 읽어보고 토의 준비를 했습니까?
· 회의에서 당신의 어떤 노력을 했습니까?

- 회의의 결과에 대해 당신이 책임져야 할 일이 무엇인지 알고 있는가?
- 다음 회의를 어떻게 개선시킬 수 있는가?

회의 결과에 대한 피드백 없이 그냥 지나치면 어떨까? 회의 결과에 대해 정리 및 보고가 이루어지지 않으면 결정사항에 따른 진척사항에 대해서도 관리가 되지 않을 것이다. 그러므로 회의 결과에 대한 철저한 피드백 및 실천여부를 점검한다. 차기 회의에서 회의 주최자는 전(前) 회의의 요점을 정리, 참석자들에게 리마인드(Remind)시키고 그동안의 진척도를 체크해야 한다. 이러한 피드백을 통해 부족한 점을 보완하고 새로운 전략과 전술을 세울 수 있는 기회를 마련한다.

회의를 평가하는 데는 정량평가와 정성평가라는 2가지 방식이 있다. 정량평가란 수치화를 통해 평가하는 것이다. 예를 들어, 비용이나 이익은 대표적인 정량평가이다. 반면 정성평가란 수치화하기 어려운 것을 평가하는 것으로 관리 운영이 복잡하거나, 제품의 품질을 보증할 수 없을 때 평가하는 방식이다.

회의 종료 후 단계에서는 무엇을 점검해야 하나? 회의 평가를 통해 회의를 계속 업데이트(update)한다. 회의 결과는 'Action Plan'이고, 회의 평가는 다음을 위한 준비이다.

회의는 반드시 평가해야만 한다

회의 평가는 회의문화를 개선하기 위해 반드시 필요하다.

회의는 일회성 이벤트가 아니다. 회의의 미흡한 점, 목적 달성 여부를 평가하여야 한다.

회의 평가 방법으로는 다음과 같은 것들이 있다.

- **회의 직후 참가자 대상 비서면(unwritten) 평가**
  회의 후 참가자들에게 엄지손가락으로 회의 만족도를 나타내도록 요구한다. 엄지손가락이 위로 향하면 '좋음', 옆으로 향하면 '그저 그렇다', 아래로 향하면 '나쁨'을 뜻한다.

- **회의 직후 서면 평가**
  회의 탁자 위에 참석자별로 설문지를 놓아두면 회의 마무리 때 작성하도록 요구한다.

- **회의 직후 전자시스템에 의한 평가**
  내부 간부회의 등의 경우에는 내부 전산망에 구축되어 있는 평가 시스템을 통해 즉시 평가를 실시한다.

- **회의 평가단에 의한 평가**
  회의 평가단을 구성하여 회의 현장에 투입, 개방형 질문으로 평가한다.

- **회의 참석자와 배석자 등을 대상으로 하는 포괄적인 회의 평가**
  현장에서 설문을 배포하거나 이메일로 설문을 배포하여 일정기간을 주고 우편 또는 이메일로 다시 응답을 받는다.

삼성에서는 각 회사별로 다양한 회의 평가 설문양식을 이용해 회의를 평가하고 있다.

대부분 서면 평가 방식을 사용하며 평가항목을 계량화하여 정량적 기법을 이용한다.

회의 직후 서면 평가

1. 꼭 필요한 회의였다고 생각하십니까?
① 매우 그렇지 않다.   ② 대체로 그렇지 않은 편이다.   ③ 보통
④ 대체로 그런 편이었다.   ⑤ 매우 그랬다.

2. 회의준비는 잘 되었습니까?
① 매우 그렇지 않다.   ② 대체로 그렇지 않은 편이었다.   ③ 보통
④ 대체로 그런 편이었다.   ⑤ 매우 그랬다.

3. 귀하 및 귀하 부처는 본 회의에 꼭 필요한 참석 대상입니까?
① 매우 그렇지 않다.   ② 대체로 그렇지 않은 편이었다.   ③ 보통
④ 대체로 그런 편이었다.   ⑤ 매우 그랬다.

4. 회의 진행자는 본 회의의 목적과 주요 내용에 대해 명확히 숙지하고 있습니까?

① 매우 그렇지 않다.　　② 대체로 그렇지 않은 편이다.　　③ 보통
④ 대체로 그런 편이었다.　　⑤ 매우 그랬다.

5. 귀하가 생각하시기에 참석자들에게 균등한 발언 기회와 자유롭게 발언할 수 있는 분위기가 조성되었습니까?

① 매우 그렇지 않다.　　② 대체로 그렇지 않은 편이다.　　③ 보통
④ 대체로 그런 편이었다.　　⑤ 매우 그랬다.

6. 동 회의는 생산적이고 목적을 달성하였습니까?

① 매우 그렇지 않다.　　② 대체로 그렇지 않은 편이다.　　③ 보통
④ 대체로 그런 편이었다.　　⑤ 매우 그랬다.

간이 회의 평가 양식은 다음과 같다.

해당되는 숫자에 표시를 한다.

1. 그렇다 2. 다소 그렇다 3. 아니다.

회의는 정시에 시작되었다. ························· (   )

회의는 안건을 따랐다. ······························· (   )

참가자들이 기본 규칙을 준수했다. ··········· (   )

모두 참석했다. ······································· (   )

회의는 정중했고 건설적이었다. ················· (   )

회의는 문제해결의 프로세스를 따랐다. ······ (   )

회의는 목적을 달성했다. ·························· (   )

리더십은 효과적이었다. ·························· (   )

삼성중공업의 현장회의

갑자기 생산라인에 빨간등이 켜지고 경고음이 울렸다. 문제가 발생한 것이다. 각 작업장의 조장들과 직원이 한곳으로 모였다. 별도의 탁자나 의자가 없이 현장에 서서 바로 스탠딩 회의를 시작했다.

별도의 회의자료나 보고 없이 바로 현장에서 문제를 보고 서로의 의견을 개진하는 것이다. 각자 맡은 부문에 대해 의견을 교환하고 결론을 내었다. 그리고는 바로 현장으로 돌아가 결정된 안대로 다시 수정해 작업을 시작했다.

이는 수시로 현장에서 볼 수 있는 삼성중공업의 스탠딩 회의의 모습이다. 예전처럼 모든 자료를 준비해 회의실에 모여 하는 회의는 없어졌다.

사무실에서 하는 회의는 일반적으로 의자에 앉아서 하는 경우가 대부분이다. 그렇지만 안락한 의자에 앉아 차를 마시며 회의를 하면, 잡담을 하거나 쓸데없는 일로 회의시간을 낭비하는 사례가 많았다. 그리고 별도의 회의자료를 준비하느라 쓸데없이 시간만 낭비해 작업진행을 느리게 했다.

현장회의 방식을 도입한 이래 작업 지연이 현저히 줄어들고 생산성이 늘어났다. 현장에서 문제가 생겼을 때는 굳이 회의실로 옮겨서 회의를 할 필요가 없다. 그럴 때는 팀원들과 함께 커피 한 잔 들고 복도 구석에 서서 회의를 해보자. 다른 때 회의와는 사뭇 다른 살아 있는 느낌이 들 수 있다.

스탠딩 회의에서는 회의실에 의자를 없애고 회의 탁자도 원탁으로 높게 제작해 모두 서서 회의를 한다. 회의 주관자는 급한 안건으로 회의를 소집한다. 곧 해당 부서의 전 직원이 회의실로 모인다. 그러나 회의실엔 테이블도 의자도 없다. 회의 주관자는 준비한 발표자료를 사원들에게 나눠준 뒤 작은 자명종을 꺼내 시간을 20분에 맞춰 놓는다. 직원들은 그 자리에 선 채로 바로 활발한 의견을 주고받는다.

안건에 대한 결론이 내려질 즈음 자명종이 울리기 시작한다. 이 팀장은 회의의 결론과 추후 진행사항의 책임여부에 대해 재확인 후 회의를 마무리한다. 이 과정에 소요된 시간은 불과 30분 안팎이다.

스탠딩 회의를 하게 되면 오랫동안 서 있을 경우 다리도 아프고 쉽게 피로를 느끼게 되므로, 불필요한 말은 하지 않고 요점만 간략하게 이야기함으로써 회의시간을 절반으로 단축할 수 있다. 또한 인간의 두뇌활동이 가장 왕성한 때는 서 있는 상태에서 마감시간이 정해져 있을 때라고 하는데, 스탠딩 회의 도입 후부터는 대부분의 회의를 빨리 끝낼 수가 있었다.

이처럼 삼성에서는 회의 격식보다는 효율성에 초점을 두어 회의문화를 만들어 나가고 있다. 일단 서서 회의를 하고 나면 폭신한 의자에 앉아서 회의하는 일이 얼마나 낭비였는지를 깨닫게 된다고 한다.

스탠딩 회의를 선택한 기업체 중 상당수가 회의횟수가 줄고 시간도 대폭 줄어들었다고 한다. 또한 장소에 따른 제약이 덜하므로 긴급히 추진하는 회의에 적합한 방식이다.

■ 스탠딩 회의의 원칙

1. 회의시간은 짧을수록 좋다.
2. 시작과 종료시간을 정하라.
3. 참석자 범위를 넓혀라. – 다양한 회의
4. 참석자 수를 제한하라. – 집중적인 회의
5. 미리 주제를 밝히고 준비된 후에 참석하라.
6. 활발하게 발언하되 논리를 세워라.

7. 애매한 표현은 구체적인 표현으로 바꿔라.
8. 침묵자나 평론가적 발언을 하는 자를 막아라.
9. 종이자료를 없애고 전자회의로 전환하라.
10. 서서 하는 회의는 두뇌회전에 좋다.

Chapter_ **02**

회의 내용을 정리하라

모든 사람의 책임은 그 누구의 책임도 아니다.

결론은 쿨(Cool)하게

장시간 회의를 하다 보면 '정작 일은 언제 하나?' 하는 생각이 든다. 회의가 사람들의 의견을 한곳으로 모으고 의사결정을 하는 데 중요한 역할을 한다는 것은 모두가 알지만, 정작 회의에서 결정되는 것은 드물기 때문이다.

회의가 끝나고 나서 "그래서 어떻게 되는 거지? 결론이 뭐였지?"라고 묻는다면, 많은 시간을 소비하면서 끌어온 회의는 무용지물이 되고 마는 것이다. 즉, 회의를 마칠 때쯤 쉽게 결론이 나지 않는 사안에 대해 다음 회의로 연기하는 등 결론을 내리지 못하는 경우가 많으며, 주제 외의 이야기로 시간을 보내고, 회의시간 부족을 이유로 결론을 내리지 못하는 경우가 생기기도 한다.

아무리 활발하게 의견을 주고받더라도 구체적인 아이디어를 하나도 채택하지 못한 채 끝났다면, 그 회의는 실패한 것과 마찬가지다. 이렇게 결론을 내지 못한 것은 결론을 내릴 수 있을 만큼 준비가 되지 않았기 때문이다. 회의에서 중요한 것은 '결정'이다. 그러므로 회의의 목적이 결론을 이끌어내는 것이라는 점을 모든 참가자가 확실히 공유해야 한다.

그렇다면 아무 것도 결정하지 못하는 심리를 어떻게 바꾸어야 할까?

이럴 때는 회의 목적을 확실히 공유하는 방법밖에 없다. 무슨 목적으로 소집되었는지? 이것을 결정하지 않을 거라면 회의를 열 이유가 없다는 것을 확실히 인식시키는 것이 중요하다. 회의를 했으면 반드시 결론을 도출해야 한다.

'끝이 좋으면 모든 게 좋다'라는 말이 있다. 회의준비와 회의 진행이 아무리 좋아도 결론이 없는 회의는 실패한 회의다. 회의란 사람들이 모여 어떤 문제를 논의하는 자리이다. 그러나 논의만 하고 끝나서는 안 된다. 논의를 하는 목적은 결론을 내기 위해서이며, 회의는 결론이 나야 비로소 끝난다. 미리 결론을 내버리면 다양한 가치관을 지닌 참가자들이 모여 활발한 논의가 이루어질 수 없기 때문이다.

회의 마무리는 쿨(Cool)하게 해야 한다. 그리고 회의를 정해진 시간 내에 끝내도록 노력한다.

설령 회의를 늦게 시작했더라도 계획한 시간에 끝내야 한다. 그 이유는 다음과 같다.

- 계획된 스케줄과 다른 일이 있는 참가자들에 대한 존중
- 주어진 시간 내에 목적 달성에 실패했다면 회의 주재자의 역량 부족
- 참가자의 효율적 논의에 대한 최소한의 보상

결론 도출이 어려울 경우 다시 한 번 회의 개최 목적을 참석자에게 상기시킨다. 그리고 회의 결과를 요약해야 한다. 회의 주재자는 참석자들이 공유할 수 있도록 회의 결과를 정리, 요약한다. 회의의 요점과 회의에서 합의된 것과 결정된 것, 그리고 참석자에 대한 일의 할당과 추진시기 등을 요약정리해야 한다.

반드시 기록하라

삼성은 회의자료와 내용들을 반드시 워드(Word)로 정리한
다. 회의 내용을 기록하는 것은 회의장에서만 그치는 것이 아
니라 회의실 창문 밖으로 나가 해당자에 전달되고 그것이 그
의 업무(Work)에 반영되도록 하기 위함이다.

회의장에서 회의내용을 워드(Word)라고 한다면, 이 워드가
회의실 창문(Window) 밖의 사람에게 빠르게 전파된다. 이 윈
도우 효과를 통해 회의 내용과 결과를 전달하는 것은 어떤 조
직 내에서 일을 추진해 나가는 데 필수불가결한 요소이다. 다
시 말하면 회의 결과를 실행으로 연결하는 것이 삼성 회의의
핵심이다.

삼성 회의문화의 특징은 기록문화이다. 회의는 업무의 연속
이라기보다는 하나의 문화라 할 수 있다. 삼성의 회의문화의
특징 중 하나는 바로 기록문화이다. 삼성은 많은 정보를 가지
고 있는 기업으로 알려져 있는데, 이는 특별한 정보원을 가지
고 있다기보다는 모든 자료를 잘 기록 보관하고 있기 때문이
다. 이러한 기업문화는 최고 경영자의 의식에서 나온다.

자료의 기록과 수집은 똑같은 실수를 반복하지 않기 위하여
쓰여진다. 인간인 이상 누구나 실수를 한다. 하지만 실수를 하
면 철저히 기록해야 한다. 실패를 자꾸 묻어 두려고 하니 똑같

은 실패가 또 발생하기 때문이다. 그러므로 묻어 두지 말고 즉시 드러내 놓고 원인을 분석하며, 그때 바로 기록으로 남겨 놓으면 나중에 큰 재산이 된다는 생각이다.

이러한 풍토가 그룹 저변에 깔려 있어야 비로소 기록문화는 빛을 발하게 되고, 질 중심 경영에 필요한 창의성의 기초를 제공해 주는 것이다.

이건희 회장과 당시 삼성전자 임원들과의 대화록을 비롯해 부회장 시절부터 지시한 내용들이 기록되어 있다.

삼성 구조조정본부는 이때 정리된 내용을 바탕으로 '회장님 지시사항' 이라는 문건을 만들어 팀장은 물론 관계사 사장들에게 전파했다.

이처럼 모든 회의 내용을 기록하고 그것을 해당되는 사람들과 정보를 공유하고 개선해 나갔다. 기록문화는 지식창조의 시대를 대비하는 지름길이다. 기록으로 남아 있어야 아이디어를 쉽게, 그리고 많이 교환할 수 있고 더 나은 지식으로 진화할 수 있다. 한 사람의 머리에 많은 지식이 들어 있으면 그 사람은 유능한 인물로 통할 수 있겠지만 새로운 지식의 창조에는 한계가 있을 수밖에 없다.

회의에 참석한 사람들은 대부분 자신들이 관심 있는 내용에 대해서만 필기를 하거나 기억한다. 이외에 공통의 관심사이거나 자신의 일이 아니라고 판단되는 내용에 대해서는 흘려버리는 것이다. 그러므로 회의가 끝난 후에는 회의록을 작성해야 한다. 물론 이를 위해 회의 내용을 정확히 정리한 회의록을 작성하는 습관을 길러야 한다.

회의 종류에 따라 회의록을 남기지 않은 경우도 있으나 대부분의 경우에는 회의 종료 후 재빨리 정리해야 한다. 회의 기록은 가능하면 당일 안에, 혹은 늦어도 다음 날까지 정리하여 관계자에게 배포하는 것이 원칙이다.

회의록에는 회의 내용에 대한 요약과 결과에 대한 정리가 들어 있어야 한다. 또한 어떤 일(task)이 누구에게 맡겨졌으며, 언제까지 그 일을 완료하고, 어떻게 피드백 할 것인지에 대한 내용도 포함되어야 한다.

회의록은 회의에서 논의된 것뿐만 아니라, 회의의 결과로 앞으로 해야 할 일의 계획이 되는 것이다.

서기가 기록을 하거나 참석자 중 한 명이 기록하는 것도 좋지만 회의록은 의장의 책임이다. 회의록에는 다음과 같은 내용을 간단히 작성한다.

① 회의시간과 날짜, 장소, 사회자
② 참석자 명단과 불참자들의 사유

③ 토의된 모든 안건과 결정사항

④ 회의 종료시간

⑤ 다음 회의 날짜, 시간, 장소

회의록은 간결하게, 가능하면 분량은 A4용지 1장이 가장 좋다. 간결한 정리를 위해서 종목별로 쓰는 방법을 능숙하게 사용할 필요가 있다. 무엇을 어떤 순서에 포함시킬 것인지, 표준 형식을 참고하기 바란다.

① 왼쪽 상단의 '회의의 제목'부터 기입한다. 오른쪽 상단에는 개최일시와 장소를 쓰는 칸이 있다. 개최일시에 관해서는 요일과 개시시간, 종료시간도 기입한다.

② 회의목적은 '~에 관하여'로 표현하는 것이 일반적이다. 복수인 경우는 '안건 1, 2, 3'으로 세분화하여 표기한다.

③ '출석자 이름'에는 이름뿐만 아니라 부서 이름, 합계 명수도 첨가해 둔다. 결석자와 중간 퇴석자가 있는 경우는 '결석, 참석자 이름'란에 이름과 부서명을 기입해 둔다.

④ '결정사항'은 가장 중요한 부분이다. 조목별로 기입할때 구체적으로 적어둔다. 소위 5W1H(육하원칙)을 염두에 두면 구체적으로 된다.

⑤ '논의사항'에는 논의과정에서 나온 중요의견을 역시 개별 조항으로 적어둔다. 여기서는 결정사항의 내용을 지지하는 역할을 한다.

⑥ '특기사항'에는 다음 회의 예정, 혹은 사무국이 조사를 위탁받은 사항 등이 있으면 기입해둔다.

⑦ '회의록 배부처'의 칸도 만들자. 배부처를 기입해 둠으로써 이후 활동에 대한 이해를 깊게 할 수 있다.

⑧ '작성 년 월 일'은 회의록을 작성한 날이다. 작성일과 배포하는 날이 다른 경우에는 주의하지 않으면 안 된다. 마지막으로 오른쪽 하단에 회의 기록담당자의 이름을 기입한다.

회의 성격에 따라 표와 그래프를 사용해 설명하면 알기 쉬워진다. 이런 경우에는 3~4장 정도가 되어도 상관없다.

회의록은 객관적인 동시에 공정해야 한다. 서기가 무언가를 의도하거나 주관을 써 넣거나 하면 회의 자체의 신뢰성이 상실된다. 상사나 사회자의 승인을 얻은 후에 재빨리 배포하는 것을 철저히 지키도록 한다.

회의록은 단순한 내용과 사실만 기록하는 것이 아니다. 그러므로 회의 진행자는 회의를 종료하기 전에 전체적인 회의 내용을 요약하는 작업이 필요하다. 회의에서 의사결정한 내용을 요약해야 한다. '요약능력'은 커뮤니케이션의 기본이다. 그 능력은 상대방의 의견을 요약하는 능력과 자신의 생각을 요약하는 능력, 그리고 자료를 요약하는 능력이다.

이러한 요약작업은 쌍방 간에 오해 및 잘못 전달된 사항이 있는지 확인하는 과정이며, 다음 회의 때 다루어야 할 안건에 대한 확인 절차이므로 그냥 지나쳐서는 안 된다. 그리고 오늘의 중요 결정사항을 다시 한 번 강조하는 것도 중요하다.

회의 요약은 회의의 목적과 직접적인 관계가 있어야 하고 다음과 같은 기본적인 질문에 답할 수 있어야 한다.

- 우리가 만난 목적은 무엇인가?
- 우리는 목적을 달성했는가?
- 다음에 우리는 무엇을 할 것인가?

회의 과정을 요약하고 미래의 수행계획을 설계한 뒤 회의를 마쳤을 때 성취감과 끝냈다는 느낌을 가질 수 있다. 이것은 아주 중요하다.

좋은 회의록은 회의에서 논의된 것뿐만 아니라 회의의 결과로, 앞으로 해야 할 일의 계획이 되는 것이다.

❶ 회의 결과를 정리한 회의록(Meeting summary)은 후속 조치를 담은 'Action plan'이다.

· 회의록은 회의에서 합의된 내용을 정리하는 것이다.
· 특히 누가, 언제까지, 어떤 조치를 취할 것인지를 반드시 포함해야 한다.

❷ 회의록은 늦어도 48시간 이내에 작성해야 한다.

· 회의에 참석하지 않은 사람도 이해할 수 있도록 쉽게 작성한다.
· 회의 내용을 전파한다.

❸ 회의 내용에 대한 공개, 비공개 여부를 판단한다.

· 공개한다면 참석자에게만 공개하느냐, 전체에 공개하느냐를 결정한다.
· 정보 공유를 통해 공통의 목표를 향해 나갈 수 있는 토대가 된다.

❹ Action plan 진행 상황까지 확인해야 '진정으로 성공한 회의'가 된다.

· 각 참석자가 제대로 추진시한에 맞추어 행동을 하고 있는

지 확인한다.

· 회의 후 'Action'이 제대로 일어나지 않으면 실패한 회의다.

회의록을 작성할 때는 회의가 끝난 후 회의에 참석하지 않은 사람에 대한 배려도 중요하다. 참석자들은 회의시간에 직접적인 참여를 통해 회의에 대한 모든 내용을 알 수 있지만 참석하지 못한 사람은 그렇지 못하다.

회의에 참석하지 못한 사람은 회의록을 자신의 주관대로 해석할 수 있다. 그러므로 회의록은 불참자들을 고려해서 회의내용을 보다 생생하게 기록함과 동시에 질문과 의문에 대한 기록 역시 잊지 않도록 한다.

그리고 전파하라

회의의 성공적 마무리를 위해서는 회의에서 논의된 사항, 결정된 사항, 미결된 사항, 참고사항, 향후 일정 등에 대해 정리한 회의록을 배포하도록 한다. 참석자들은 회의록을 통해 자신이 기억하지 못했던 내용들을 새로이 발견하게 될 것이고, 공통의 정보를 나누어 가진 그 그룹은 공통의 목표를 향해 나아갈 수 있는 기본 바탕을 세울 수 있다.

아무리 회의 내용을 잘 기록해 관리를 잘해도 회의 내용이 전파되어 실행에 옮겨지지 않으면 오히려 사문서가 되어 짐만 될 뿐이다. 그러므로 기록된 내용을 시스템을 이용해 신속히 구성원에게 전파시키는 것이 매우 중요하다.

이럴 때 힘을 발휘하는 것이 바로 기업의 사내 시스템인 그룹웨어이다. 많은 기업들이 그룹웨어를 활용하여 정보를 공유하고 있다. 수집된 정보는 각 요소에 전달되어 업무에 활용하도록 그룹 내 시스템으로 정보공유를 시키고 있다.

회의는 의사록이 배포될 때까지 끝나지 않은 것이다. 회의록은 당일, 늦어도 익일까지는 배포한다. 속도와 더불어 정확성도 같이 체크해야 한다. 흔히 회의가 끝난 뒤 보고서를 받아보기까지 2주일이 넘게 걸리는데, 회의자료 정리가 너무 늦게 나와 관련 자료를 수집하는 데 큰 차질을 빚는다.

회의는 일회성 이벤트가 아니다. 한 번의 회의는 다음에 수행되는 일의 방향과 순서를 결정한다. 이번 회의는 효과적으로 운영이 되었는지, 회의 목적은 달성했는지, 미흡한 점은 무엇인가를 평가하도록 한다. 그리고 다음 회의에서 이를 고려하여 회의에 임해야 한다.

삼성그룹 신경망 마이싱글(My SINGLE)

삼성전자 이부장은 요즈음 회사생활이 즐겁다. 최근 삼성그룹 전사 포털인 '마이싱글(My Single)'을 통한 블로그(Blog)에 푹 빠졌다. 예전에는 근무시간 내에 블로그를 접속하면 요주의 인물로 주목을 받았다.

그런데 최근에 업그레이드 된 마이싱글 덕분에 틈틈이 블로그를 통해 계열사 직원들과 연락을 취한다. 또한, 업무시간도 한결 단축됐다. 마이싱글에 구비된 통합싱글 기능 덕택에 그룹 내 검색과 외부 데이터베이스 검색을 편하게 할 수 있어 보고서 작성과 통합 검색기능으로 업무조력을 받는다.

마이싱글은 삼성의 대동맥으로 25만 삼성맨을 하나로 묶는다. 마이싱글에 새롭게 추가된 블로그 기능은 기존 업무 중심의 대기업 사내 포털을 임직원 개인의 사적 글이나 사진까지 게재하는 공간으로 만들었다.

마이싱글 블로그는 종전 '지시'와 '보고' 위주의 사내 포털을 임직원의 '끼'와 '재능'을 맘껏 발휘할 수 있는 곳으로 바꾸었다. 이외에도 삼성 저널, 게시판, 인명검색, 온라인 결재

등 다양한 기능을 강화해 업무와 의사소통을 원활하게 하고 있다.

마이싱글은 업무용 도구를 넘어 임직원 간의 교류와 화합을 위한 새로운 장을 창조하여 '참여'와 개방'을 창출하고 있다. 삼성은 마이싱글로 통하고 있다.

이건희 회장은 "고려 청자나 조선 백자의 기술이 제대로 전수되지 않은 것은 기록문화의 부재 때문이다."라고 말했다. 이 회장은 전체 삼성인이 빠른 시간 안에 똑같은 사실을 접할 경우 의식의 통일을 가져올 수 있다고 생각했다.

그래서 삼성은 처음에는 문서로 기록했고, 후에는 녹음기를 통해 회의 내용을 기록 보관했다. 정보화가 진행됨에 따라 그룹 정보 전산망인 삼성그룹의 이메일 시스템인 '싱글'(SINGL; Samsung INtegrated GLobal inforamtion system)을 개발하여 전 계열사에 설치하였다. 국내 계열사뿐 아니라 해외지사까지 문자 그대로 단일 삼성 '싱글'을 만들었다.

이 '싱글'을 통하여 전 세계의 모든 삼성 관계사와 삼성인과 정보교류가 가능하며 시스템 내의 모든 정보를 공유할 수가 있다. 싱글을 통한 메일 건수는 하루 수백만 통이 넘고 정보를 공유하는 사람도 25만 명이 넘는다.

그룹 내에서 공유할 정보를 위해 97년부터는 '싱글토픽(SINGLE TOPIC)'이라는 그룹 공유 정보시스템이 개발되어 그후로 지속적인 개선을 통해 지금의 마이 싱글이 된 것이다.

사업부별 월별 실적, 주요 사업현황 및 예정사항 등의 회의 자료를 그룹웨어를 통해 전 임직원이 회사의 전반적인 경영내용을 이해하고 공유할 수 있다. 정보의 수집과 전달은 빠를수록 그 효과가 크고 모든 직원들이 동시에 정보를 제공받음으로써 같은 정보로 업무에 즉시 반영할 수 있기 때문이다.

싱글을 통해 삼성 그룹이 'open company'로 거듭 태어날 수 있었다.

Chapter_ **03**

회의 결과를 실행하라

모이는 것이 시작이고, 뜻을 모으는 것은 진전이며, 함께 노력하는 것은 성공이다.
– 헨리 포드

결정사항은 반드시 실행하라

"직장에서는 빈번하게 회의가 열리고 회의를 통해 결론은 도출하지만, 결코 실행하지 않는다."라는 말처럼 결정된 사항을 옮기지 않는다. 이 때문에 '회의 무용론'까지도 거론되곤 한다.

이처럼 회의 결론이 '그림의 떡'으로 끝나는 회의를 종종 볼 수 있는데, 아무리 훌륭한 결론을 내리더라도 실행에 옮기지 않으면 쓸데없이 시간과 경비만 낭비하고 마는 꼴이 된다.

신문(한국일보, 1997년 2월 21일자)에 흥미 있는 기사 하나가 실렸다. 국내 최고의 관리체제를 가진 삼성의 의사결정 시간이 선진회사에 비해 월등히 많이 걸린다는 기사다.

> "삼성그룹이 자체적으로 의사결정 시간을 평가한 결과, 선진국 기업에 비해 약 2배 이상 더 걸리고 있다고 했다. 각 기업별 사례로 신제품 연구기간이 삼성전관의 경우는 도시바의 3배, 삼성전기는 마쓰시다의 2.5배가 걸리며, 카메라 생산에서 출하까지 걸리는 기간이 삼성카메라는 도요타의 10배가 걸린다고 했다.
>
> 또 삼성생명의 자동화 처리 수준은 일본생명의 1/3 수준이며, 견적기간도 벡텔은 하루인데 반해 삼성 엔지니어링은 2.5일이 걸리며, 월말 결산도 삼성전자는 15일이고 HP는 7일로 나타났다."

그로부터 10년 동안 삼성은 신경영을 선포하고 삼성그룹은 대대적인 개혁을 했다. 삼성은 아침 7시에 출근해 오후 4시에 퇴근하는 7.4제라는 조기출근제를 도입해 사무혁신을 이루었다. '아침형 인간'은 바로 삼성인을 일컫는다고 할 수 있다.

도입 후 많은 화제를 뿌렸던 7.4제는 도입된 지 10년 만에 공식적으로 폐지되었지만, 아침 일찍 출근하여 회의로 하루 일과를 시작하는 풍토가 자리를 잡았다.

삼성에서는 아침에 도시락을 먹으면서 간부회의나 중역회의를 하는 경우가 흔하다. 출근 전 회의는 대개 업무가 시작되기 전에 끝나기 때문에 업무시간을 빼앗기지 않는다는 장점이 있다. 또한 회의를 마친 임원들은 곧바로 회의 내용을 가지고 업무를 시작하거나 간부회의를 속개하기 때문에 아주 능률적이다. 조찬회의는 실무회의보다는 경영회의가 주를 이루고 있으며, 외부인사 초빙강연을 듣고 현안사항에 대해 간략히 회의를 하기도 한다.

삼성은 GE를 열심히 배우는 기업으로 그동안 GE의 회의기법인 워크아웃(Workout)과 6시그마 등을 배워 왔다. 또한, 이건희 회장의 아들인 이재용 전무는 미국 제너럴일렉트릭(GE) 크로톤빌연구원의 임원연수 과정에서 워크아웃을 배우고 돌아왔다

실행은 시스템으로

회의에서 의사결정을 하는 데 '원칙과 방법'이 필요하다면 실행을 위해서는 '시스템'이 꼭 필요하다. 회의 결과가 바로 실행이 되기 위해서는 실행 시스템이 완비되어 있어야 한다는 것이다. 그 실행 시스템의 핵심에는 삼성의 결재 시스템이 있다.

이건희 회장이 삼성그룹의 회장으로 취임한 후 삼성 조직 내에 중대한 결함을 발견했다. 1억짜리 기계설비 하나를 사는

데 무려 19개의 도장이 찍혀야 발주가 나가는 것이었다. 의사결정이 실행되는 과정이 너무나 길고 비효율적인 것을 발견한 것이다. 이것은 대기업에서 매우 흔하게 일어나는 일로 때로는 수개월이 걸리기도 했다. 그래서 이회장은 대대적인 의사결정 개선을 시작하게 되었다.

삼성은 계열사 내의 정형화된 결재 단계를 조사했다. 그 결과 무려 24단계로 나타났다. 그 당시 미국의 포드(Ford)자동차는 17단계였고, 일본의 혼다(Honda)는 5단계였다. 그래서 삼성은 과감한 개혁을 감행하였다.

"의사결정은 3단계, 문서는 3일 내, 합의는 당일 종결한다."

이는 삼성의 의사결정 구조의 캐치프레즈이다. 삼성에는 다른 회사와 같은 사원, 대리, 과장, 부장, 이사, 사장 순으로 만들어진 결재란이 없다. 오직 기안, 심사, 결정의 3단계 결재란만이 있을 뿐이다. 이러한 의사결정 구조는 빠른 의사결정이 생명인 반도체 부문에서 먼저 실시하였는데, 현재는 전 그룹에 확산되어 실행되고 있다.

반도체는 6개월을 가지고 승부를 내는데 의사결정이 길어지면 경쟁에서 탈락하기 때문에 신속한 의사결정을 위해 도입한 제도이다. 막상 실시하고 보니까 아주 합리적인 것을 알게 되었다. 전통적인 의사결정 구조에서는 기안자인 담당자는 내용도 모르고 단지 문서작업만 하게 되니 최종 결재까지 이르는 과정에 수많은 수정이 발생한다. 그리고 결재 단계마다 지시사항이 달라 혼선을 빚을 뿐만 아니라 의사결정에 이르는 시간이 많이 걸린다.

사실 사장의 의향을 어찌 말단 사원이 알 수가 있겠는가? 실제로 3단계를 도입하게 되면 사원이 기안하면 대리나 과장이 심사를 하게 되므로 의사결정자는 최고로 부장 수준을 넘을 수가 없다. 다시 말하면 부장 전결사항 수준은 사원이 기안해도 되지만 임원 내지 사장이 결정할 사항은 고급 간부나 임원이 기안을 해야 한다는 의미이다.

즉, 회사의 정책 결정사항은 담당 임원이 기안해 부사장이 심사하고 사장이 결정해야지, 쓸데없이 말단 사원에게 기안하라고 하여 괜한 수고와 시간 낭비를 하면 안 된다는 것이다.

이처럼 결재 단계를 축소하고 나서는 회의 결과가 바로 실행될 수가 있었다. 이러한 3단계 결재는 업무가 전산화 되면서 전자결재 시스템으로 진화하게 되었다.

군대에서 별을 달면 100가지가 달라진다고 한다. 마찬가지로 기업의 별인 임원이 되면 달라지는 것이 많다. 삼성에서 임원이 되면 여러 면에서 대우가 달라진다. 그중 하나가 제일 먼저 집에 네트워크를 연결하고 컴퓨터를 설치해 주는 것이다.

이는 복지 차원이 아닌 업무 차원이다.

삼성 임원의 근무시간은 24시간 365일이다. 즉, 집에서도 업무를 볼 수 있도록 시스템을 갖추어 주는 것이다. 퇴근 후 집에서도 각종 보고와 자료는 물론 전자결재를 할 수 있게 한 것이다. 또한 임원들에게 노트북을 지급하여 해외 출장 중에도 삼성 글로벌 망과 접속해 전자결재를 할 수 있게 시스템을 갖추고 있다.

이처럼 시간과 공간의 제약을 받지 않고 신속한 의사결정과 집행을 할 수 있도록 시스템적으로 조직화되어 있다.

이러한 전자결재 제도의 정착을 위해 사장을 비롯한 전 직원의 OA교육을 실시하여 직접 문서를 작성하고 의견을 달 수 있도록 하였고, 특히 관리자들의 결재에 대한 의식구조를 대대적으로 개혁하였다.

처음에 임원급 이상에서는 예전의 습성대로 문서로 결재서류를 만들어 오도록 하여 전자결재나 이메일을 기피했다. 삼성은 이러한 의식을 최고위층으로부터 개혁시켰다. OA 교육을 사장들부터 시작한 것이다. 최고위층이 솔선수범을 해야 자동적으로 의식이 확산되기 때문이다. 그리고 교육을 받은 사장이 직접 이메일로 임원들에게 업무 지시를 하였다.

이메일을 보지 않은 임원들은 그 내용을 몰라 곤혹을 치루

곤 하였다. 이러한 과정이 반복되면서 사내 메일 시스템이 정착되고 생활화되었다.

이제 삼성에서는 매일 아침 제일 먼저 하는 일이 사내 메일을 보거나 결재할 내용을 점검하는 것이다. 최근에는 직원들에게도 노트북이 지급되어 해외 출장 보고서는 귀국 비행기 안에서 작성해 바로 보고하고 있다. 별도로 출장보고서를 만들 시간을 절약하고 있는 것이다.

이처럼 빠른 실행을 위해서는 그것을 뒷받침해 줄 수 있는 시스템 구축이 절대적으로 필요하다.

시스템과 더불어 필요한 것이 회의문화이다.

국내의 한 경제신문 기자는 삼성이 한두 명의 장군보다는 수많은 소대장들이 우수한 회사라고 평하였다. 이는 곧 현업에 있는 실무 책임자들의 업무수행 능력이나 일하는 방식이 우수하다는 의미로 해석할 수 있다.

삼성은 처음 입사했을 때부터 업무에 필요한 기본지식과 기술을 철저히 교육시키고 지속적으로 업그레이드 시킨다. 따라서 삼성의 실무회의는 매우 간결하고 문제의 핵심에 접근하여 해결책을 찾도록 애쓴다. 이렇게 사전에 회의주제에 대해 연구를 하고 자료를 준비하여 회의에 임하기 때문에 준비된 대화를 하게 되고 결론을 유도하기도 쉽다.

하지만 서구 기업들에 비해서 우리 기업문화는 상당히 위계질서가 강하고 권위주의적인 경우가 많다. 그래서 회의의 많은 부분이 최상위직에 있는 사람에 의해서 지배되는 경우가 많아, 회의를 주도하는 사람들에게 회의를 생동감 있게 만들려고 하는 열의와 노력, 기술이 필요하다.

세계적인 우수기업들은 자체 프로그램을 통해서 또는 외부 교육기관을 통해서 우수한 회의 주재자가 될 수 있는 교육을 중간관리자 및 경영진들에게 실시하고 있다. 뿐만 아니라 일반 직원들에게도 시간관리 과정이나 기타 관련 프로그램을 통해 올바른 회의 참석자가 될 수 있는 자질을 키우고 있다.

회의는 회의답게 제대로 잘 진행되어야 한다. 그러나 아무리 회의가 잘 진행되었다 하더라도 회의 내용과 의사결정 사항을 회의장 내에 있는 사람만 알고 있을 뿐이라면, 그 성공은 절반에 그칠 뿐이다. 회의실 밖에 있는 해당자에게 빠르게 그리고 제대로 전달되어야 한다.

회의의 진정한 의미는 해당된 사람들이 회의 내용이나 결정 사항을 자신의 업무에서 실행할 때 나머지 부족한 부분이 갖추어져 비로소 완성된다.

회의에 참석한 사람이 제대로 이해하고 자신의 업무(Work)에 반영할 때 회의를 한 의미가 있는 것이다. 그리고 회의 내용(Word)과 회의장 밖(Window)의 해당자에게 전달되어 그의 업무에 반영되도록 하는 회의문화를 삼성의 3박자 회의문화라고 할 수 있다.

3박자 회의문화는 이건희 회장이 15년 전에 프랑크푸르트 회의 때에 시범을 보인 후 이제는 삼성의 회의문화로 자리잡았다.

이처럼 삼성의 회의진행법이 다른 점도 있지만 그보다는 회의내용을 해당되는 사람에게 정보로서 전달하고 그것이 업무에 반영되도록 하는 일련의 프로세스가 있다는 점이 다르다.

삼성 계열사의 규모에 상관없이 많은 회의가 진행되고 있다. 회사마다 자기 회사에 맞게 회의를 운영함으로써 회의의 효과를 높이고 있다.

"메일 한 장이면 될 일을 몇 시간 회의를 하지 말라."라는 삼성전자 윤종용 부회장의 지시에 의해 삼성인력개발원의 Anycom.Meeting이라는 지침을 만들었다.

회의의 핵심요소는 관계, 진행 그리고 결과로 정의한다.

첫째, 관계(Relation)는 전원이 참석하는 회의, 합의가 이루어지는 회의, 전원이 만족하는 회의를 말한다.

둘째, 진행(Process)은 철저한 계획하의 회의, 프로세스와 룰 준수, 결과에 대한 후속 이행조치를 강조했다.

셋째, 결과(Result)에서는 명확한 회의 목표 공유, 참가자의 역할 명확화, 그리고 결론이 나는 회의를 주장했다.

바람직한 회의문화를 만들기 위해서는 첫째, Mind로 회의 목적 공유와 개방적인 사고 그리고 수용성을 들었으며, 둘째, Knowledge로 충분한 회의준비, 주제에 대한 지식이 필요하며, 셋째, Skill로는 다양한 회의기법 활용, 커뮤니케이션 스킬이 필요하다고 했다.

실천적인 회의문화 개선 방향으로는 습관적이고 비효율적인 회의인 지시/보고 회의, 정보공유 회의를 대체, 폐지, 축소하고, 회의의 결론 도출과 실행 중심으로 하는 문제해결 회의, 의사결정 회의를 하기로 했다.

SAMSUNG
CONFERENCE

제일모직의 웰빙(well-being) 회의

제일모직은 패션회사답게 회의에서도 웰빙 프로그램을 도입했다. 제일모직 패션 부분 사옥, 이 건물 10층 대회의실에서는 매월 마지막 수요일 오후 3시면 월별 실적평가 회의가 열린다. 몇 시간씩 지난 달 실적과 이번 달의 목표의 차이에 대해서 따지는 딱딱한 회의이다.

하지만 최근 이러한 분위기가 달라졌다. 회의 탁자 위에 커피 잔 대신에 맥주 캔이 올라오고 자유롭게 토의한다.

그런가 하면 직원들과 매주 금요일 아침마다 12층 대회의실에서 식사를 함께한다. 아침식사를 통해 서로 마주보고 자유롭게 아이디어를 주고받는다. 이처럼 맥주회의나 조찬회의의 가장 큰 장점은 자유로운 분위기 속에서 '열린 대화'를 하기 때문에 톡톡 튀는 아이디어와 평소 말하기 힘든 건의사항도 거침없이 말할 수 있다는 것이다.

회의에 참가하는 사람은 처음에는 낯선 회의 문화에 어색했지만 시간이 지날수록 동료애도 두터워지고 의견도 다양하게 주고받아 업무효율도 훨씬 높아졌다고 한다.

회의의 효율을 높이기 위해서는 회의 참석자들이 자유롭게 발언할 수 있도록 사고의 끈을 아주 편안하게 유지하는 것이 좋다. 즉, 회의 분위기를 최대한 편안하게 조성해 주는 것이 중요하다. 두뇌는 아주 편안한 상태일 때 최상의 아이디어를 쏟아내기 때문이다. 그러므로 조직원 전체가 감성적으로 변화할 수 있는 분위기를 만드는 것이 중요하다.

이러한 현장 경영은 제일모직에서도 그대로 나타난다. 회사의 브랜드 팀장과 디자이너들은 2004년 1분기부터 남대문, 동대문 등 재래시장을 제집처럼 드나들고 있다. 불황 극복의 해답은 현장에 있다는 판단에서다.

의류의 기획, 생산, 판매 네트워크가 한곳에 구축되어 있는 재래시장에 대한 현장조사를 통해 재래시장의 기동성과 네트워크를 직접 체험하고 실제 업무에 반영하는 제도다.

오후 11시까지 두타, 밀리오레 등 도, 소매 매장 5곳을 직접 조사한 브랜드 팀장 및 디자이너들은 사무실 내에서는 풀리지 않던 다양한 문제의 해답이 현장에 있었다는 것을 느꼈다. 상인들과 대화를 통해 경기를 몸으로 느낄 수 있어 현장의 중요성을 다시 한 번 실감하는 계기가 됐다고 모두들 입을 모았다.

CONFERENCE⠿

Part 4

창조적 긴장감을 주는
이건희식 회의

경청**회의**

한국형 리더는 '임기응변에 능하다' 라는 말은 '말솜씨가 좋다' 라는 뜻도 있지만 어찌 들으면 '변명을 잘한다', '잘 듣지 않고 자기 말만 한다' 라는 부정적인 의미도 포함한다.

삼성의 설립자인 이병철 회장 시절부터 삼성의 회장은 경청형이다. 이병철 회장은 말이 별로 없고 보고내용이나 의견을 경청한다. 리더가 지시가 많으면 의사소통은 빠르겠지만 사람들은 지시를 기다리게 된다. 지시되는 사항만 수행하는 조직이 되면 스스로 생각하고 준비하는 일이 점차 줄게 된다.

업무별로 책임자들이 전략을 짜고 연구를 해서 보고를 하게 하면 리더들이 학습을 한다. 사업부문별 책임자들이 스스로 만든 사업계획이나 보고서 내용을 발표하는 것을 들으면 발표자의 생각을 알 수 있다. 발표내용을 경청한 후에도 얼마든지 회장의 생각을 이야기할 수 있다.

때에 따라 보고내용이 미흡하다고 생각하면 다시 보고를 하게 함으로써 보고자가 스스로 학습할 기회를 주기도 한다. 보고내용이 승인되면 사업 책임자가 책임경영을 하게 한다.

듣기보다 말하기가 쉬운 것. 한국기업의 많은 리더들은 아마 말하고 지시하는 것에 더욱 익숙한지도 모르겠다.

그러나 이건희 회장은 조용히 듣는 것을 좋아하는 성향이다. 이건희 회장은 어릴 때 일본과 미국에서 혼자 유학생활을 했다. 이때 스스로 생각하고 몰입하며 남의 말을 듣는 습관을 갖게 됐다. 특히 부회장이 됐을 때 선친인 이병철 회장으로부터 붓글씨로 '경청(傾聽)'이라는 글귀를 받았는데 이것은 그의 '듣기' 성향을 더욱 굳게 만들었다. 그렇다고 그가 무턱대고 듣기만 한다는 것은 아니다.

이회장은 사장단 회의나 구조조정본부 팀장회의 때면 "자네 한번 얘기해봐라."고 한 다음 "왜?"를 반복해서 캐묻고 또 캐묻는다. 누구에게든 "그래서"라고 수차례 반복해서 물으면 그 사람의 지식은 바닥이 나게 마련이다. 소크라테스식 대화법이다.

 참석한 임원들이 더 이상 답을 못해 손을 드는 순간 이회장은 자신이 준비해 간 메시지로 이들을 휘어잡는다. 경청에는 '인정' 과 '배려' 의 의미가 담겨 있다. 상대의 입장을 충분히 이해하고자 노력하고, 상대가 처한 상황을 인정한다는 느낌이 경청을 통해서 전달될 수 있다.

 자신이 하고 싶은 말을 참고 상대방의 말을 잘 듣는다는 것은 상당한 훈련이 아니면 어렵기 때문에, 인간관계에 관한 대부분의 책이 상대방의 말을 잘 듣는 것이 인간관계와 성공의 열쇠라고 말한다.

 그러나 많은 사람들은 이것을 잘 실행하지 못하고 있다. 그런데 이건희 회장은 자신의 말을 아끼고, 상대방의 말을 잘 경청(傾聽)하는 성공의 자세가 되어 있다.

 말하기에 앞서 들으려는 자세는 곧 상대방의 생각을 자유롭게 권장하고 의견을 수용할 준비가 되었음을 알리는 것이다. 듣는 경영진은 곧 직원의 생각의 폭을 넓혀주는 역할을 하고, 이는 창조적인 아이디어와 경영정책으로 자연스럽게 이어지게 된다.

chapter 02

마라톤 회의

이건희 회장은 평소에 회의를 많이 하지는 않지만 작심을 하고 회의를 하면 마라톤 회의를 한다.

2002년 4월 19일 삼성전자 수뇌부들이 용인에 있는 삼성인력개발원에 속속 모였다. 전기전자계열사 최고경영자와 그룹 관계자 등 총 26명이었다.

오후 4시 '창조관'에서 저녁 회의가 시작됐다. 당시 한국과 일본에서는 삼성이 화두였다. 4월 2일 미국 뉴욕 주식시장이 "삼성전자의 시가총액이 소니를 앞섰다."라고 발표했기 때문이다. 3월 19일에는 미국 시사주간지 타임이 "브랜드 인지도

면에서 삼성전자가 3년 안에 세계 최대의 가전회사 소니를 앞설 것"이라는 전망을 내놓기도 했다. 그렇다면 자축 파티였을까? 아니었다. 이회장의 입에서는 칭찬 대신 따끔한 질타와 지시가 이어졌다.

"경영 성과가 좋다고 자만하지 말아야 합니다. 위기의식을 가져야 해요. 5~10년 뒤 우리가 세계 1등을 할 수 있는 분야가 무엇인지, 시장점유율은 어떻게 가져가야 하는지 대비해야 합니다."

회장의 기조연설이 있은 후 이 회장과 사장단의 회의는 새벽 2시까지 이어졌다. 그걸로 끝난 게 아니었다. 잠시(4시간) 수면을 취한 이들은 오전 6시에 다시 모여 식사를 한 후 8시부터 다시 회의에 들어갔다. 이 회의가 끝난 것은 오후 6시였다. 20시간 가까이 회의를 한 것이다. 이날 삼성 수뇌부는 2010년까지 전자업계 분야의 빅3에 진입한다는 중장기 전략을 수립했다. (한 달도 지나지 않아 소니를 반짝 앞질렀던 삼성의 시가총액은 다시 소니보다 떨어졌다).

이회장은 항간에 알려진 대로 회사에 잘 나오지도 않고 회의 참석도 거의 하지 않는다. 삼성 본관 28층에 집무실이 있지만 거의 모든 시간을 한남동에 있는 승지원이라는 개인 집무실에서 업무를 본다. 수요일마다 본관 28층에서 최고경영자

회의가 열리지만 이때도 모습을 드러내는 일이 거의 없다.

하지만 일단 그가 회의를 소집하면 태풍이 분다. 정해진 시간도 없다. 한 번 말을 시작하면 3~4시간은 기본이고 10시간을 넘게 모든 것을 쏟아낸다. 단, 꺼낸 말들은 철저한 사전 검증을 거친 것들이다. 비서들과 구조조정본부에 조사를 시켜 올라온 보고서를 검토하고, 관련 전문가들을 직접 만난다. 또 지시를 내리기 전 최소한 6번 이상 "왜?"를 스스로에게 묻는다고 한다. '왜 그 사업을' '왜 그곳에서' '왜 그 시기에' '왜 그 사람으로 하여금' '왜 그만한 돈을 들여서' '어떤 목적으로'가 그것이다.

그는 큰 방향을 잡고 내용을 지시하는 스타일이다. 그 외의 것은 모두 전문 경영인들에게 위임한다.

그렇다고 이 회장이 일방적으로 말하기만 하는 것은 아니다. 그는 우선 듣는다.

그가 삼성그룹 부회장으로 삼성본관 28층에 있던 이병철 회장 집무실 옆방으로 첫 출근하던 79년 2월 27일. 이병철 전 회장은 그를 자신의 방으로 불러 붓으로 직접 '경청(傾聽, 귀담아 들음)'이라는 휘호를 써줬다. 남의 말을 잘 듣는 것이야말로 대기업을 이끄는 총수로서의 조건이라는 의미였다. 지금도 그의 좌우명 중 하나는 '좋은 경청자가 되자'는 것이다.

93년 10월부터 96년 12월까지 삼성그룹 비서실장을 지낸 현명관 전 회장은 이런 말을 한 적이 있다.

"새벽 1~2시가 되면 전화벨이 울립니다. '…지금 자요?' 하는 목소리에 잠을 깨면 그게 한남동으로 오라는 신호입니다. 그런 식으로 회의가 시작되면 해 뜰 때까지 계속합니다. 회의를 마치는 특정한 시간도 없습니다. 회의 안건이 완전히 정리되고 결론이 날 때까지 이어지는 마라톤식입니다."

Chapter_ **03**

글로벌 회의

이건희 회장은 93년 신경영 선포시에 독일의 프랑크푸르트에서 3일 동안 회의를 했다. 재계 등에 따르면 삼성은 그룹이 대내외적 위기 등 중요한 시점에 처할 때마다 해외 현지 전략 회의를 통해 핵심 경영전략을 수립, '돌파구'를 마련해 왔다.

93년 프랑크푸르트 선언으로 대표되는 '신경영' 선언 이후 본격화, 그동안 10여 차례 열린 해외 전략회의는 경영전반의 위기의식을 불어넣으며 중장기 전략의 단계별 업그레이드를 위한 전환점 구실을 해왔다.

지역별로도 미국, 중국, 일본, 서 · 동유럽에 이어 동남아 전략회의 개최로 중남미 지역을 제외한 전 세계 글로벌 시장을 권역별로 한차례 이상씩 거친 셈이어서 '현장 경영'을 통한 체계적 거점 공략의 의미도 갖는다.

지난 베트남 전략회의도 '월드 프리미엄' 전략의 연장선상에서 동남아 시장 내 프리미엄화를 주도, 새로운 모멘텀을 찾기 위한 포석으로 풀이된다.

한편 아직 중남미 지역에서는 해외 경영전략회의가 열리지 않았고, 브라질, 중국과 함께 '브릭스(BRICS)'로 꼽히는 러시아, 인도 등도 신흥시장으로 관심이 높아지고 있어, 차기 삼성의 해외 전략회의 개최장소가 어느 곳으로 '낙점'될지도 관심거리다.

'신경영 → 월드 베스트 → 월드 프리미엄 = 해외 전략회의'를 통해 본 삼성의 전략적 비전은 90년대 초 '질(質) 중시 신경영'으로 대변되는 뉴밀레니엄 시대대비에서 2000년 전후 세계 초일류 및 월드 베스트 전략 가시화를 통한 글로벌 경쟁력 강화를 거쳐 2003년 이후 월드 프리미엄 전략으로 진화해 왔다.

내용면에서는 하드웨어에서 소프트 경쟁력 강화 쪽으로 무게중심을 옮겨왔다.

이건희 회장은 지난 93년 독일 프랑크푸르트에서 '마누라

와 자식만 빼고 다 바꾸라'라는 프랑크푸르트 선언으로 '신경영' 개혁의 포문을 열었다.

이후 95년 2월 미국 LA 전략회의, 4월 중국 전략회의, 10월 영국 런던 '삼성전자 세계화 전략회의'를 거쳐 96년 4월 미국 샌디에고에서 열린 '21세기를 위한 사장단 전략 세미나'는 고비용 저효율 구조 타파 의지를 통한 '신경영 2기'를 선언, IMF 체제에 대한 본격적 준비 기반이 됐다는 점에서 의미가 적지 않다.

해외 전략회의는 97년 7월 미국 산호세 멀티미디어 사업 강화 전략회의 이후 IMF 체제를 맞아 주춤하다 2000년 오스틴 회의 이후 다시 활기를 띠게 됐다.

삼성은 이회장 주재로 2000년 2월 오스틴 '디지털 전략회의', 11월 일본 '디지털 제품의 일류화' 전략회의를 잇따라 열고 기술, 제품 등 하드웨어적 성장기반을 바탕으로 세계 초일류 및 월드 베스트 전략의 현실화에 가속도를 냈다.

여기에는 빛의 속도로 변하는 디지털 시대의 기술 각축장에서 '세계 일류가 아니면 문을 닫을 수밖에 없다'는 절박한 위기의식이 깔려 있었다.

삼성은 이듬해인 2001년 11월에는 중국 상하이에서 전자 사장단 전략회의를 열고 중국 사업을 생산기지 차원에서 전략

시장 개념으로 전환, 고급화 전략을 통해 2005년 안에 톱 브랜드가 된다는 목표를 수립했다.

2003년 이후에는 '1등 전략'을 한단계 뛰어넘어 브랜드, 디자인, 서비스 등 소프트 경쟁력 강화가 핵심 화두로 떠오르면서, 이회장은 2003년 8월 아테네 '올림픽전략회의'에서 일류 브랜드 이미지 확보를 주문했으며, 2003년 9월 헝가리에서 열린 전자 사장단 회의에서도 프리미엄화를 위한 감성 마케팅에 드라이브를 걸었다.

2006년 4월 이탈리아 밀라노 디자인 전략회의에서는 '밀라노 4대 디자인 전략'을 발표, 소비자의 감성을 자극하는 핵심 소프트웨어 요소인 디자인 전략 재편을 통해 '월드 프리미엄 브랜드' 도약에 대한 의지를 다졌다.

삼성의 브랜드 가치는 99년 100위권 밖에서 2006년 21위 (126억 달러)로 뛰어올랐고, 삼성전자 순이익도 93년 1천억 원대에서 2006년 10조 원대로 70배 가까이 늘었다.

'동남아 프리미엄화'를 가속화 시킨 베트남 호찌민 시에서 이건희 회장 주재로 열린 전자 관계사 동남아 전략회의는 2003년 이후 가속화된 월드 프리미엄 전략의 연결선상에 있는 것이다.

이 회의에는 이회장을 비롯해 그룹 구조조정본부장인 이학수 부회장, 윤종용 삼성전자 부회장, 최지성, 이현봉, 이기태 사장 등 삼성전자 사장단, 김순택 삼성SDI 사장, 강호문 삼성전기 사장 등이 참석했다.

삼성은 이 회의에서 '이머징 마켓(emerging Market)'인 동남아 시장 공략 방향을 기존의 중·저가 제품 위주에서 프리미엄군으로 옮겨가는 쪽으로 세부전략을 개편, 미래 시장에 적극적으로 대응한다는 계획을 세웠다.

중국 시장이 해외 메이커들의 '러시'와 토종업체들의 공격적 행보로 이미 포화상태에 달한 가운데 잠재력이 큰 동남아 시장을 통해 추가 활로를 찾겠다는 것이다.

앞서 삼성은 베이징에서 열린 중국 전략회의에서 현지 공략 초점을 '생산기지', '전략시장'에 이어 '프리미엄 브랜드 시장'으로 전략을 대대적으로 손질한 바 있어 동아시아 전략도 비슷한 수순을 밟을 가능성이 높다.

이에 따라 삼성은 동남아 현지 정서에 맞는 '감성 코드'를 최대한 살리는 방안을 모색할 전망이며, 첨단 부문으로의 투자영역 확대, R&D 강화, 현지 완결형 체제 구축을 추진할 가능성도 점쳐지고 있다.

이회장도 2006년 4월 태국 사업장을 방문, "제품, 기술력은 일정수준에 와 있는 만큼 브랜드, 디자인, 서비스 등 소프트 경쟁력 강화로 동남아 시장 내 프리미엄 브랜드 위상을 확고히 해야 한다."고 강조하고 현지형 사회공헌 활동 강화도 당부했다.

Chapter 04

벤치마킹 회의

이건희 회장은 세계 일등 제품을 만들자고 하면서 전략회의를 할 때에는 세계 일류 제품과 비교하는 벤치마킹 회의를 한다. 미국의 전자제품 판매장에서 삼성제품과 세계 일류 제품이 진열된 상태를 본 이건희 회장은 곧바로 삼성전자의 임원들을 로스엔젤리스로 불렀다.

그리고 호텔을 빌려서 세계 일류 제품과 삼성 제품을 비교 전시케 하였다. 이건희 회장은 상품의 실물을 놓고 회의를 했다. 이후에도 자주 상품 비교 전시 회의를 주관하여 세계 일류를 따라 잡을 수 있는 방법을 연구했다.

이건희 삼성그룹 회장이 '삼성 위기론'에 대해 "4~5년 뒤의 급속한 변화를 대비하자는 의미"라고 밝혔다.

2007년 4월 이 회장은 삼성전자 수원사업장에서 열린 '선진제품 비교전시회'에 참석한 뒤 전자 계열사 사장단 회의를 열고, "위기라고 계속 이야기하는 것은 지금 당장 힘들다는 게 아니다."라며 삼성 위기론의 확대해석을 경계했다.

이회장은 회의에 참석한 경영진에게 "2010년경에는 예측하기 힘들 정도의 급속한 변화가 일어난다."며 "지금부터 디자인, 마케팅, 연구개발(R&D) 등 모든 분야에서 창조적인 경영으로 미래 충격을 대비해 달라."고 당부했다.

또한 이회장은 경영진과 전시회를 둘러본 뒤 "삼성의 제품 경쟁력이 높아진 것은 사실이지만 아직도 금형, 사용자 인터페이스(User Interface), 소프트웨어, 최종 마무리 등에서 뒤지고 있다."고 지적했다.

이날 전시회에서는 2015년 시장에 맞춰진 디자인과 인터페이스 등 소프트 경쟁력을 중심으로 선별된 소니, 파나소닉, 노키아 등 최고 제품들이 삼성 제품과 비교 전시됐다.

삼성 회의 스타일

삼성이 회의를 가장 잘하고, 삼성 스타일이 회의의 기준은 아니다. 삼성에서도 아직 회의 때문에 골치 아파하고 있다. 그럼에도 불구하고 삼성의 회의 스타일을 벤치마킹하고자 하는 것은, 그래도 삼성이 첨단산업 분야에서 빠른 의사결정과 실행력을 갖고 있다는 점 때문이다.

반도체와 같이 창조적인 사업을 하면서 과거 설탕을 만들 때처럼 경영을 할 수는 없다. 조직 전체의 방향을 정하고 시기적절하게 의사결정을 하고 이를 빠르게 실행에 옮기려면 회의라는 수단을 이용하지 않을 수 없다.

삼성은 새로운 사업의 특성에 맞게 조직문화를 바꾸고 회의문화도 개선해 왔다. 스스로 회의문화를 진단하고 바람직한 방향으로 개선하기 위해 노력했다. 내부적인 개선과 함께 우량기업의 회의 스타일을 벤치마킹하여 글로벌화 된 회의문화

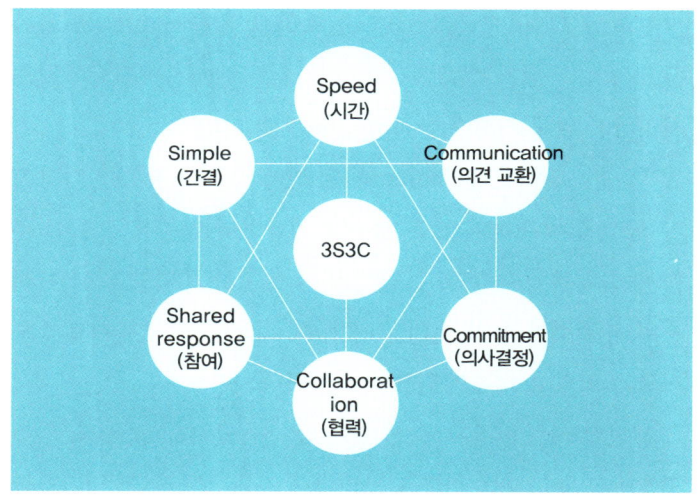

를 만들어 나갔다.

삼성 회의 스타일의 특징을 6가지로 요약할 수 있으며 이는 3S와 3C로 대변된다.

· Speed (시간)

· Simple (간결)

· Shared response (참여)

· Communication (의견 교환)

· Commitment (의사결정)

· Collaboration (협력)

삼성은 회의시간(Speed)를 단축하기 위해서 많은 노력을 하고 있다. 1시간 이내에 끝내기, 1시간 내에도 여러 안건을 처리하기 위해 스피디 한 회의진행을 하고 있다.

회의는 매우 간결(Simple)하게 진행된다. 불필요한 잡담이나 형식에 치우치지 않고 정시에 시작하여 안건에 바로 접근하여 토의에 들어간다. 안건에 대한 원활한 토의를 위해 사전 준비를 철저히 하고 회의실 내에 IT 시스템을 설치하여 주요 자료는 회의실 내에서 검색이 가능하다.

삼성회의는 실무자 중심으로 참가자(Shared response)를 선정하고 참가자들은 그 분야의 전문가들이다. 회의 참가자들의 참여도가 높아서 활발한 토론이 이루어진다.

다음으로 3C의 요소를 보면 다음과 같다.

삼성회의는 의견교환(Communication)이 활발하다. 상사나 회의 주관자가 일방적으로 지시하는 형태가 아니라 안건에 대해 참가자들의 의견교환이 이루어진다. 커뮤니케이션이란 쌍방향이어야 한다는 원칙이 회의 중에서도 이루어져야 한다.

삼성회의 특징 중에 가장 두드러지는 것은 바로 의사결정(Commitment)이 이루어진다는 점이다. 특별한 정책적인 이슈가 아니면 의사결정이 실무적으로 이루어지고 회의시에 토론을 통해 곧바로 의사결정이 된다.

회의를 통해 의사결정이 이루어지면 실행이 빠르다. 회의의 장점은 여러 사람이 토론이 진행되는 바 의견 조율이 되고 부서 간에 협력(Collaboration)이 원활하다는 점이다.

이상의 6가지 요소가 다 완벽히 이루어지는 것은 아니지만 그래도 다른 기업보다는 훨씬 잘 이루어지고 있는 것은 사실이다.

삼성의 '3S3C' 회의 스타일이 속도경영을 넘어서 창조경영을 실현해 나가는 원동력이다.

해외기업의 회의 스타일

삼성은 끊임없이 학습하는 회사이다. 선진 경영기법을 학습하여 실행하고 개선한다. 삼성이 가장 벤치마킹을 많이 한 회사는 미국의 GE와 일본의 도요타이다. GE를 학습하기 위해 이건희 회장이 방문하고 이재용 전무가 한 달 동안 학습을 한 바 있다.

도요타는 삼성의 임원이라면 한번쯤 다녀왔고 일본인 고문들이 현장에서 같이 근무하고 있다. 삼성은 회의 스타일에서도 GE에 도요타 방식을 벤치마킹하여 삼성식의 회의 스타일을 만들어 가는 데 많이 참고하였다.

삼성이 벤치마킹을 한 GE와 도요타의 회의 스타일을 보면 다음과 같다.

커뮤니케이션의 장을 만든다 : GE

"모든 사람들이 다 참여하고 책임져야 한다는 것입니다. 기업 내의 모든 직원의 머리를 써야 하는데, 커다란 관료주의를 많이 만들고 있습니다. 그래서 경영계층이 생겨나서 상사들도 많아지는 것이 상례입니다. 일반 직원들이 팔과 다리는 열심히 사용하지만 머리는 사용하지 않고 있습니다.

저희 GE에선 사명을 투자해서 타운 미팅이라는 직원회의를 많이 합니다. 여러 직원이 참여하여 그들의 아이디어를 모으고 있습니다.

처음에는 직원들이 조금 이상하다고 생각했습니다. 그리고 처음에는 관심을 갖지 않았지만, 이러한 타운 미팅의 규칙을 만들어 미팅을 외부인사가 주재하게 했습니다. 상사들은 미팅이 끝날 때에 참석해 직원들의 머리에서 나온 아이디어에 대해 yes 또는 no로 대답해 주어야 합니다.

직원들은 '내 팔과 다리를 쓰라고 취직시켜 준 것이다.'라고 생각을 했죠. 그러다 보니 '두뇌는 공짜로 쓰는 거죠.'라는 생각을 가졌지만 궁극적으로는 시간이 거듭되면서 자연스럽게 직원들의 두뇌에도 관심을 가지게 되었습니다.

그 결과 더욱더 많은 아이디어가 활용되고 생산성이 올라가서 그들의 수준이 개선되었습니다. 그러니까 아주 간단합니다. 단순히 보이는 일부터 시작하게 되었죠. 그러나 기업에게는 이런 것이 대단히 중요합니다. 어떠한 도구를 사용해도 좋습니다. 전사적인 두뇌를 사용할 수 있는 것이 좋습니다."

이는 1999년 10월 한국을 방문한 GE의 전 회장인 잭 웰치가 한국 경영자를 위한 초청강연에서 밝힌 워크아웃(work-out)의 내용이다.

1. GE의 워크아웃 회의

GE는 1980년대부터 잭 웰치 회장이 "조직의 벽을 허물고 의사결정을 빠르게"라는 혁신운동을 전개하여 100년 된 회사를 새롭게 개편하였다. GE의 혁신 추진 1단계에서는 3S(Simplicity, Speed, Self-confidence)를 고취시키고 불필요한 서류, 조직 내 장벽, 관료주의를 제거하고 권한 위임을 통해 조직을 변화시켰다.

GE는 회의방식 역시 단순하고 신속하게 진행하도록 하였으며, 회의 내용을 조직원들이 공유하도록 하는 IT 인프라 (infrastructure)를 구축했다.

간혹 중요한 의사결정이나 조직원들의 의견이 충분히 반영되어야 하는 회의는 타운 미팅(Town Meeting)이라는 방식을 썼다. 이 방법은 보다 깊이 토의해야 할 내용은 회사를 떠나서 2~3일 동안 회의를 하는 것을 말한다. 이때 회의 장소는 회사와 2시간 이상 떨어진 장소를 정하게 되며, 참가자들은 사전에 충분한 자료를 준비한다.

타운 미팅시 의사결정권자는 회의를 시작할 때의 취지와 이슈에 대해 간단히 이야기한 뒤 회의장을 떠난다. 이는 참가자들의 자유로운 토의를 방해하지 않기 위함이다. 의사결정권자는 회의의 결론이 날 무렵에 다시 참가하게 되는데, 이때는 토의에서 나온 2~3개의 대안 중에서 하나를 선택하는 일을 하게 된다.

최근 많은 기업에서 문제해결형 회의 방식을 채택하고 있다. 문제 워크아웃은 해결형 회의의 대명사가 되었다. 워크아웃의 단어로서의 의미는 운동경기의 연습, 트레이닝 등 일반적으로 '열심히 운동해 살을 뺀다' 라는 에어로빅 용어이다. 군살을 빼서 몸을 건강하게 만드는 것을 의미한다. 한편 비즈니스 용어로는 일종의 구조조정의 의미로 받아들여졌다.

최근 금융기관이 돈을 빌려준 기업이 위기에 봉착하면 워크아웃 제도를 도입해 회생을 도와주기도 한다. 이처럼 여러 의미로 사용되지만 GE에서는 의사소통의 장으로 사용한 것이다. 즉, 직원들의 자유로운 의사소통으로 조직 내에 불필요한 부분을 제거하여 회사를 보다 더 튼튼하게 만들려고 한 것이다.

워크아웃은 GE가 보수적인 조직문화를 바꾸기 위해 도입한 경영혁신 프로그램 중 하나이다. 상하 간의 의사소통을 원활히 하기 위해 조직의 불필요한 일을 없앤 것이다.

워크아웃은 조직 내 문제를 해결하기 위한 회의 형태를 취하고 있다. 모든 계층에서 구성된 참가자들이 정해진 주제에 대해 충분히 토의를 거쳐 결정사항을 스폰서에게 제시하면 스폰서는 이에 대한 가부결정을 한다. 이때 스폰서인 조직의 장은 오직 Yes와 No 그리고 유보만을 결정할 수 있다.

스폰서는 워크아웃 시작에 주제 선정과 기대사항을 설명한 후 퇴장하고 마지막 의사결정 단계에 다시 나타난다. 만약 스폰서가 계속 회의에 참가를 하면 회의에 장애를 주기 때문이다. 그러므로 참석자는 실패를 추궁 당하거나 변명을 할 필요가 없다.

회의 참가자들은 해결안을 90일 내 실행한 후 스폰서에게 실행 결과를 보고하고 스폰서는 그 과정에 필요한 지원과 모니터링으로 성공을 돕는다.

2. 워크아웃 구성과 특징

미팅 참가자는 크게 세 그룹으로 나눌 수 있다. 스폰서, 퍼실리테이터 그리고 참가자이다.

세 그룹의 역할은 다음과 같다.

● 미팅 참가자의 역할

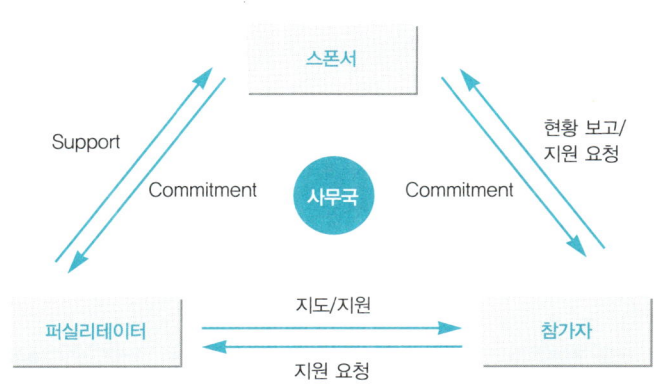

의사결정자인 스폰서는 회의 결정에 대한 실행을 커미트먼트(Commitment)를 해야 한다. 퍼실리테이터는 스폰서에게 지원을 받아 회의를 원활하게 진행하는 역할을 맡는다.

회의가 효율적으로 진행되기 위해서는 기본 전제조건이 있다.

● **워크아웃 규칙**

오직 스트레치한다

• 조직의 현재 능력을 넘는 목표와 과제를 정한다.

시스템적인 사고력을 기른다

• 조직의 각 부분이 서로 어떻게 조합되고 관련되는지 생각한다.

• 각 부분은 단독으로 존재할 수 없고 시스템으로 연결돼 있다. 개혁을 하게 되면 다른 부서에 어떤 영향을 미치는지도 생각할 필요가 있다.

사이클이 짧은 개혁과 의사결정

• 기성관념을 버린다.

• 아이디어를 실행할 때는 개별과제를 수행하는 리더에게 모든 책임과 권한을 넘긴다. 단 경영진에게 일의 진척상황과 결과를 바로 설명할 책임이 있다.

기성관념에 얽매이지 않고 제로베이스에서 사고한다.

권한위임을 확실히 하고 경영진에게 설명한다.

첫째, 상사보다는 실무자가 그 일에 대해 더 많이 알고 있다는 것이다.

둘째, 실무자들이 그들의 지식을 상사에게 직접 전달하는 최고의 방법은 직원들에게 더 많은 권한을 부여하는 것이다.

셋째, 권한을 부여 받은 직원들은 자기 임무에 더 많은 책임감을 갖는다는 것이다.

이런 기본 전제 속에서 회의를 하여 신속한 의사결정을 이끌어 내는 데는 규칙이 존재한다.

① 오직 스트레치 한다.

② 시스템적인 사고력을 기른다.

③ 제로 베이스에서 시작한다.

④ 권한위임을 명확히 하고 경영진에게 설명한다.

3. 워크아웃 단계

워크아웃은 크게 타운 미팅과 펑셔널 미팅(Functional meeting)으로 이루어져 있다.

캐주얼 미팅은 2박 3일로 행해지며 약 100여 명 정도가 참석을 한다. 먼저, 소단위 팀별로 아이디어를 낸다. 그 다음 각

팀에서 나온 뛰어난 아이디어를 교환하고 평가한다. 다시 팀별로 그 아이디어를 어떻게 실행할 것인가를 결정한다.

최종적으로 경영진이 참여하는 타운 미팅을 해 선정된 제안의 실행여부를 결정한다.

일반적으로 2박 3일에 걸쳐 이루어지며 마지막날 경영진에게 프레젠테이션을 한다. 경영진은 과제를 실행할 것인지를 당일 결정한다. 이때 그 결정에 대한 이유를 참석자에게 설명할 책임이 있다.

● 워크아웃 유형	
Type	Focus/issues
Town meeting	Business problems 회사, 사업부 사업전략
Functional meeting	Functional problems 조직과 조직 간 프로세스
Natural work group	Area problems 현장, 현업 위주의 단기 과제 해결

4. 워크아웃 성공요소

성공적인 워크아웃 미팅을 위해 모든 직원들의 참여가 절대적이다. 그리고 성과보상 제도로 연결해서 자극을 주어야 한다.

첫째, 스폰서의 강력한 커미트먼트가 있어야 한다.

둘째, 미팅의 주제가 명확하고 구체적이어야 한다.

셋째, 적절한 참가자가 선정되어야 한다.

넷째, 전문적인 퍼실리테이터가 진행을 해야 한다.

마지막으로, 철저한 모니터링을 해야만 한다.

워크아웃을 한다고 모든 회의가 성공적으로 끝나는 것은 아니다. 같은 방식으로 워크아웃을 실시해도 실패할 수 있다. 그 요인을 살펴보면 다음과 같다.

① 주제가 너무 많다.

② 부적합한 주제를 급하게 선택한다.

③ 스폰서와 구성원 간의 합의가 안되어 있다.

④ 사전 준비 없이 비현실적인 아이디어가 난무한다.

⑤ 참가자 구성이 부적합하게 이루어졌다.

⑥ 스폰서가 무관심하다.

⑦ 제안 추진팀에 권한이 없다.

⑧ 시간에 쫓겨 발표양식만 채우고 만다.

⑨ 워크아웃과 다른 회의와 혼용해 운영한다.

5. 워크아웃 효과

GE의 전 회장인 잭 웰치는 워크아웃을 통해 의사소통을 원활하게 하고 언행이 일치되는 조직문화를 창조했다. 회의를 통한 회사와 직원들과의 의사소통이 원활하게 이루어져 상호 간 신뢰가 회복될 수 있었다고 회고했다.

미팅의 효과는 다기능팀(cross-function team)으로 구성되어 활동함으로써 부서 간의 장벽을 부수고 불필요한 업무를 제거해 신속하게 업무를 처리할 수가 있다.

그 효과는 크게 3가지로 나타났다.

① 생산성이 높아졌다.
② 불필요한 업무가 없어졌다.
③ 직원들은 불필요한 업무가 사라지자 해방감과 만족감을 느꼈다.

결국 상호 신뢰가 사장에서 우위를 차지할 수 있게 했고 더 나아가서는 경쟁력을 확보해 고용안정을 이루었다.

워크아웃의 본질은 기업의 구성원들이 잠재력을 십분발휘할 수 있는 여건을 만들어서, 항상 새로운 아이디어를 찾아내어 현업에 바로 적용해 상호이해를 돕는 벽 없는 조직문화를 만들 수 있다는 것이다.

잭 웰치는 워크아웃에 대해 이렇게 정의했다.

"워크아웃이란 우리가 하고 있는 모든 일을 더욱 잘하기 위한 방법을 쉬지 않고 끊임없이 찾아가는 전사적 노력을 말한다."

"모든 기업경영은 자신감에서 시작된다. 워크아웃은 우리를 더욱 빠르게 만들었고, 다양한 아이디어에 더욱더 열린 자세를 가능케 만들었다. 그 결과 관료주의를 타파하고 모두가 기업 의사결정에 참여하게 함으로써 GE를 더 나은 기업으로 만들었다."

"워크아웃 프로그램의 성공은 GE의 조직변화를 가속화시키는 계기가 되었을 뿐 아니라 GE혁명의 대명사가 되었다."

"워크아웃의 진정한 가치는 그러한 상하 간 커뮤니케이션의 벽을 글자 그대로 허물었다. 일단 말단 직원까지도 자신의 이견을 개진하고 그 의견이 받아들여져서 업무현장이 개선되는 것을 목격하게 되었다. 그러자 자신감이 생겨나고 일의 주인의식도 저절로 생겨났다. 자신감과 주인의식이 있다면, 일을 추진하는 리더십은 두말할 필요가 없다."

TIP **크로톤빌 연구원**

크로톤빌 경영개발연구원 MDI(Management Development Institute)는 GE 경쟁력의 원천이며, Action Learning 방식을 도입, 실질적인 과제를 부여하여 그 결과를 현업에 활용하는 곳이다.

- 토론과 정보공유의 장
- GE의 경영철학을 임직원에게 이해시키고 직접 참여하는 기회의 장
- 공통의 가치와 리더십을 키우고 사업성장에 필요한 지식을 공급하는 연구소
- 새로운 아이디어를 사례로 한 교육 프로그램 개발

스스로 참여한다 : 도요타

"일본의 도요타 자동차는 1분기 자동차 판매대수에서 미국 GM을 제치고 세계 1위에 올랐다고 발표했습니다. 도요타는 올 1분기 세계 시장에서 모두 234만 8천 대를 판매해, 226만 대를 파는데 그친 GM을 분기 기준으로 추월해 세계 1위를 차지했습니다. 도요타의 실적 개선은 원유가 급등으로 연비가 뛰어난 소형 승용차와 소형 SUV, 하이브리드(Hybrid) 차량 인기가 높은 데다 미국과 아시아를 중심으로 해외시장 판매가 호조를 보이기 때문입니다."

이것은 2007년 4월 모든 신문에 발표된 도요타의 실적 관련 기사이다.

1. 최강의 도요타

<일본 경제 비즈니스>지가 2000년 '도요타는 얼마나 강한가? 일본식 경영의 최후의 요새'에서 도요타의 경쟁력에 대해 다음과 같이 설명했다.

도요타의 힘은 무엇인가? 라고 물으면, 초급자는 '재고가 적

다는 점'이라고 답한다. 중간 관리자는 '생산성 향상, 품질 향상을 요구하는 메커니즘에 압축되어 있다'고 답한다. 하지만 상급자는 '문제를 현재화시켜 해결하는 작업을 반복하는 사이에 문제 없는 상황이 불안해져 모두들 열심히 문제를 찾기 시작하는 것'이라고 말한다.

도요타의 성공비결로는 저스트-인-타임(Just In Time), 간판, 안돈(이상을 알리는 신호등), 포카요케(아차! 실수 사전 방지) 등이 있다. 저스트-인-타임은 필요한 것을 필요할 때 필요한 만큼 생산하는 방식이고, 간판 방식은 부품명, 수량, 납입일자를 기재한 작업 지시표를 만든 것이다.

도요타는 창업주를 비롯해 모든 직원들이 자발적으로 생산성 향상을 위한 노력을 게을리 하지 않아 매년 진화하고 있다.

이같은 도요타의 진화능력 구성요소를 후지모토 다카히로 동경대 교수는 6가지로 압축했다.

① 모든 시행을 경쟁력에 결부시켜 생각하는 발상 패턴
② 처음에 실패해도 결국 어떻게 하든 이루어 내는 강한 끈기
③ 성공을 위해 이용할 수 있는 모든 것을 활용하는 성실함
④ 공식 규칙체계의 바람직한 보존방식
⑤ 계승과 같은 방침의 영속성 확보

⑥ 도요타만이 가지고 있는 경영사상의 영속성을 종업원에게 강조하는 구조

2. 자주연구회

'변화'라는 것은 시대의 변화속도에 대응할 수 있는 유연성을 갖고 경쟁력과 고수익성을 겸비한 기업으로 바꾸어 가는 것이다.

도요타의 오오노의 컨셉은 '낭비를 철저히 배제하고 활동만으로 생산하라'이다. 인간의 뇌는 곤란을 느끼지 않는 한 지혜를 짜내지 않는다. 그러기 위해서는 가능한 한 조직의 구성원이 갖고 있는 능력 즉, '생각하는 힘'과 그 가능성을 최대로 이끌어 내는 것, 그것이 바로 회의다.

회의를 통한 대화는 곧 문제를 해결하는 힘, 다시 말해 생각하는 힘을 말한다. 대부분의 기업들은 '무엇을 바꿔야 하는지' '무엇을 해야 하는지'를 잘 알고 있다. 그렇지만 대부분의 회사에서 회의는 산만하고 산발적으로 이루어진다. 또한 현장사원이 제안을 하고 임원이 검토해 결정하는 버텀업(Bottom up) 형식이 대부분이다.

하지만 도요타는 경영진이 테마에 따라 직급을 낮추어 회의

에 참가한다. 밑에서 올라오는 안건에 대해 비평적으로 운영하는 것이 아니라, 문제해결 석상에서 스스로 주체적으로 생각해서 의사결정을 하고 행동한다. 문제가 있으면 임원이 중심이 되어서 바로 업무점검을 한다.

도요타 회의의 3가지 기본적인 개념은 고객 중시, 끝없는 개선 그리고 전원 참가이다. 도요타에서 말하는 전원 참가란 임원이 솔선수범해서 참가하는 것을 말한다. 전원 참가는 파벌주의나 부분 최적 사고를 타파하는 것이다.

도요타의 임원회의는 마치 싸움을 하는 듯 격렬하다. 회사에 도움이 되는 좋은 의견을 말하다 보니 그럴 수밖에 없다.

회의를 할 때 서로 의견을 교환하고 때로는 격한 논쟁도 한다. 논쟁이라고는 하지만 그것은 사이가 너무 좋아서 그리고 최고의 콤비이기 때문에 가능한 일이다.

도요타는 회의를 할 때 반드시 준수해야 할 7가지 습관이 있다.

① 상대의 이야기를 성실히 듣는다.
② 무엇이 문제인가 스스로 생각한다.
③ 격려와 제안을 한다.
④ '이길 수 있는' 최선의 방법을 생각한다.

⑤ 상담한다.

⑥ 사실에 근거한다.

⑦ 일단 도전하고 본다.

도요타의 회의에서 '의견 제안자'에게는 상당한 자질과 더불어 '감', '고집', '배짱'이 필요하다.

첫째, '감'이라는 것은 말을 꺼내는 타이밍을 말한다. 너무 빨라서도 안 되고 너무 늦어서도 안 된다. 모두들 대안이 없을 때 '이렇게 해보자'라는 컨셉을 제시하는 것이다.

둘째, 가능성이 있는 제안을 만들어 고집스럽게 밀어붙이는 능력이 필요하다. 개인적인 흥미만으로 지속적인 동조를 얻기가 쉽지 않으므로 사명감을 지니고 꾸준하게 설득해야 한다.

셋째, 의견 제안자는 배짱이 두둑해야 한다. 어떤 의견이라도 반드시 반론이 있기 마련이다. 그래서 반드시 해낼 수 있다는 배짱을 가져야 한다. 그리고 만일의 경우를 대비해 여러 가지 대안도 마련해 두는 것이 좋다.

항상 새로운 제안은 현재 시스템에 익숙해진 사람들을 불안하게 한다. 따라서 의견 제안자가 배짱을 지니기 위해서는 동료 집단을 만드는 설득력이 있어야 하며 더불어 인간적인 매력을 지녀야 한다. 고독한 의견제안자는 성공할 수 없다.

도요타에는 의사결정을 하는 많은 회의체가 있다. 그 가운데 도요타만의 독특한 회의문화인 '자주연구회'가 있다.

이 연구회는 1976년 도요타 그룹 각 사가 모여 '도요타 생산 방식 자주연구회'를 결성하면서 시작되었다. 오오노 타이이치라는 카리스마적 우두머리가 진행하는데, 우선 '낭비란 무엇인가?'에서 시작을 해 '진정한 문제는 무엇인가?'를 철저하게 생각해 내도록 지도했다.

이 조직은 자주적인 회의체이지만 이를 통해 낭비를 발견하는 안목을 기르고, 동료를 만드는 커뮤니케이션을 원활하게 하는 장으로 활용하고 있다.

초기에는 공장의 조원, 반장, 계장, 과장급에 이르기까지 모든 직급이 대상이 되었으며, 계층 간 크기에 따라 반 간, 공장 간, 회사 간 회의체를 만들었다. 조, 반장급 '자주연구회'는 월 1회, 10명 정도의 그룹으로 회의를 했다.

자주연구회는 본질적인 의미에서 낭비 즉, 문제를 보는 안목을 기르는 것이지만, 회원들 간의 원활한 커뮤니케이션을 도모하는 것이기도 하다.

자주연구회의 본래의 목적은 동료와 함께 생각하고 의논하고 제안하는 과정에 있었다. 이러한 자주적인 연구회를 가진

기업은 그다지 많지 않다. 약 반세기에 걸쳐 지속적인 운영을 하는 기업은 오직 도요타뿐이다. 일을 연구하고 상하좌우의 직위나 입장을 초월한 대담하면서도 솔직한 제안을 하여 자유롭고 활달하게 토론하는 연구회야말로 도요타의 활력소이다.

물론 자주적이라는 명목하의 강제적인 장이 되어 자유로운 토론의 장이 되기 어려울 수가 있다. 과거에는 업무 중에 여러 잡담을 하다 보면 어느 사이에 진지한 대화가 이루어지는 경우가 많았다. 그런데 지금은 직장 내에 사람은 점점 줄고 그에 비해 일은 많아지고 정보 전달도 이메일로 하기 때문에 만나서 정보를 교류하는 기회가 적어졌다.

또한 비공식적인 술자리나 회식자리도 줄어들어 '편안하게 편안한 이야기를 하는 자리'에서 진지하게 진지한 이야기를 하는 회의를 잘 해야 한다.

커뮤니케이션의 재검토가 필요했다. 고도성장시대에는 회식과 같은 기회는 물론 동호회라든가 사내 모임이 활발했다. 하지만 다양한 오락거리가 넘쳐나고 사원도 줄어드는 지금은 직원들의 적극적인 참가가 사라지고 회사의 이런 분위기는 사라졌다.

오랫동안 상명하달의 세계에서 '생각하기'를 그만둔 사람들에게 갑자기 '자주연구회' 같은 활동을 하라고 하면 아무리 권한을 주어도 토론이 이루어지지 않는다. 따라서 사내 단체 활동을 대신하는 효과적인 장으로 '편안하고 진지하게' 대화를 하는 장을 마련할 필요가 있다. 일반적인 회의에서는 개개인의 입장이 서로 부딪치는 경우가 많아 이해관계가 마음을 주고받기보다는 오히려 신뢰 관계를 손상시킨다.

이런 문제를 해결하여 편안하고 진지하게 대화를 나누면 인간관계를 다시 만들어 가는 장이 될 수도 있다.

회의가 편안하게 진지한 이야기를 나누는 자리가 되면 문제가 해결된다. 효과적인 정보교류의 장으로 활용하는 것이다. 협력관계를 만들어 내는 것은 사람과 의논하고 상담할 줄 아는 능력이다. 직급에 관계없이 다른 사람과 원만하게 의논할 줄 아는 능력을 가지고 있다는 것이 일본식 경영의 원천이다.

도요타와 업무회의를 하고 난 사람들이 이구동성으로 말하는 공통점이 3가지가 있다.

첫째, 상대의 이야기를 잘 듣는다.
둘째, 들은 이야기에 대해 확실한 제안을 한다.
셋째, 마지막으로 꼭 격려의 말을 잊지 않는다.

회의 석상에서 주거니 받거니 하면서 서로를 알아간다. 의논을 한다는 것과 보고나 연락을 하는 것과는 본질적으로 차이가 난다. 보고와 연락은 관리체계가 제대로 되어 있는 조직이라면 얼마든지 원활하게 이루어진다. 하지만 보고와 연락으로 모든 정보가 정확하게 전달된다고는 할 수가 없다.

인간의 이해력은 개인의 경험에 따라 분명한 차이를 보인다. 따라서 의견을 주고받아야만 비로소 공통적인 이해가 생기는 것이다. 의논이 필요한 이유는 문서에 쓰여진 정보가 나름대로 정확히 정리되지 못하면 존재가치가 없기 때문이다. 또한 문자로 표현할 수 없는 정보를 전달할 수가 없다.

결국 생생하게 살아 있는 정보는 보고나 연락문서로 전달하기 어려우므로 사람 간의 대화 즉, 커뮤니케이션을 통해 전달될 수밖에 없다. 지나치게 형식적이거나 일방통행이 아닌 서로 자유로운 자극을 주면서 정확한 정보가 전달되는 것이다.

"독창적인 아이디어는 고독하기 때문에 탄생하지 못하는 것이다. 서로가 논의를 하고 토론을 반복하는 가운데 비로소 나타나는 것이다."라고 오사카 대학 총장인 키시모또 타마미츠는 말한다.

어떻게 전달했는가 보다는 상대방에게 제대로 받아들여졌는지 혹은 어떻게 이해하고 있는지가 중요한 것으로 서로가 주고받는 자세가 필요하다. 주고받는 습관은 모두가 공유하는 것이 '편안하고 진지한 이야기를 나누는 장'의 기본 의미이다.

일반적인 회의는 과제 지향의 토론으로 끝나고 만다. 하지만 '진지하게 잡담 하는 것 역시 경영'이라는 관점을 경영진이 함께 공유하는 것이 바람직하다.

중간 관리자의 '편안하고 진지한 잡담'을 통해 적극적인 추진자가 많이 나타나도록 한다. 일반직의 '편안하고 진지한 잡담'은 스스로 체험할 수 있는 기회를 가진다. 이것은 문제의식이 강한 사람들을 현재화 시키는 장이다. 이러한 '편안하고 진지한 대화의 장'을 구조적으로 유지시켜 나가는 것은 사원들에게 적극적인 자세를 지니도록 하는 것이다.

적극적인 자세를 지니는 것은 비옥한 토양을 가꾸는 것과 같은 의미이다. 뿌린 씨앗을 키우기 위해서는 토양이 비옥해야 하지만 그것만으로는 부족하다. 풍부한 햇빛과 충분한 물이 없으면 식물은 자라지 못한다. 태양은 경영자이고 물은 리더이다.

3. 문서화

문서화는 도요타 기업문화의 DNA이다.

만약 문서가 없다면 말이 공중에 떠돌게 되어 '말 전하기

게임'과 같이 되어서 정보는 전혀 다른 황당무계한 정보로 둔갑하거나 사라진다. 아무리 훌륭한 경영자가 한 말이라도 그것의 기록이 없다면 화려한 문화로 탄생할 수가 없다.

도요타의 관리자는 약 600개 이상의 문서를 숙지하지 않으면 업무를 수행하기가 어렵다. 듀워드 소벡 2세는 '다이아몬드 하버드 비즈니스'에서 도요타가 정보교환의 효율화에 대해 이렇게 소개했다.

"부서 간의 조정이 필요한 문제가 발생하면 소정의 절차로 '문제 해결 방책'이나 '중요한 권고'를 포함한 리포트를 작성해 관련 부서에 배부한다. 그것을 받은 사람은 그 서류를 읽고 검토한 후 개별적인 의견을 제시한다. 한두 번에 걸쳐 반복함으로써 상당한 정보가 오가고 대부분의 문제가 이해된다. 해결하기 어려운 불일치가 발생했을 경우에 직접 대화로 해결하기 위해 회의를 개최한다."

이러한 형태의 문제해결 회의에서는 참가자가 사전에 중요한 과제를 이해하고, 전원이 일련의 공통 관심사를 바탕으로 문제에 대처한다. 이 회의에서는 특정한 문제해결에 초점을 맞추었기에 시간을 낭비하는 경우가 없다.

기록을 중시하는 도요타의 기업문화는 도요타 에이지의 '실패의 기록' 시스템에서도 잘 나타나 있다.

사내에서 실패해도 좋으니까 마음껏 하라고 지시한다. 그리고 그 실패에 대한 리포트를 작성하라고 한다. 만일 실패담을 기록하지 않고 단지 머릿속에서만 기억하고 있으면 다음 세대까지 전달되지 않기 때문이다.

가끔 새로운 사람이 득의양양하게 설명하러 오지만 10년 전의 실패를 다시 반복할 때가 있다.

도요타의 회의의 핵심은 '문서문화'와 임원의 '솔선 참여'이다.

한편, 미국 GE의 워크아웃과 일본 도요타의 '자주연구회'는 근본적으로 차이가 있다. 일본식 회의방식은 사람에게 좋은 기업을 만들기 위한 것이고, 미국식 회의방식은 개인을 살리는 기업을 만들기 위함이다.

● 도요타와 GE의 차이점

도요타	GE
1950년대 ~ 70년대 (20년간) (전후의 혼란기) 도요타 카이치로 '3년 안에 미국을 따라잡자'	1980년대 ~ 90년대 (20년간) (미국 경제 혼란기) 웰치 : (1) 시장 1,2위 전략 (2) 소형조직
↓	↓
도요타식 기업혁신 활동 (TPS)	(1) 사업포트폴리오 전략 전개 (2) 계층 삭감(조직 변혁) (7만 명 이상의 종업원 해고)
전사적 품질 관리 전개 (TQC)	라인 매니저에게 권한 이양
'관리에 대해' (텍스트) 교육 전개 (관리자 육성)	크로톤 빌 매니지먼트 인스티튜트 (기업가적 리더 육성)
자주연구회 (문제의 현재화 = 자동화) (감독자 인재 육성)	워크아웃 (현장 문제점의 현재화) (현장 종업원의 교육)
↓	↓
'중간 집단형' 전개 조직	'역 피라미드형' 조직구조
↓	↓
'후공정 인수'에서 부문 간의 '연결'	조직 간의 '벽'을 제거
사람에게 좋은 기업	인사평가/보장제도 변경 리더의 요건을 명확화, 스톡옵션 확대
	↓
	'스트레치' 개념 도입 (현장에서는 실현 불가능한 목표를 과감하게 연구하여 달성하자)
	↓
	종합 네트워크 조직 구축 (GE 기업혁신 활동)
	↓
	개인을 살리는 기업

TIP 도요타의 경영방식

도요타 방식

• 3가지 키워드 : 자주적, 동료집단, 상식 초월
'비공식적인 집단'에 의한 '기술혁신 활동'을 정상적인 '일'로서 행한다.

일반기업 (금일의 업적 향상)	도요타의 특색 (내일의 준비 = 일)
계획 전개 (방침 전개) 목표관리 (달성한다) 공식적인 조직 활동 (피라미드형 조직) 전원 활동 (TQM,TPM 등) 데이터계 (지식/기능) 시스템 (조직) (내일의 준비 = 프로젝트 활동)	시나리오 전개 (도미노 현상) 컨셉 전개 (가까이 다가간다) 비공식적인 조직 활동 (동료집단형 조직) 동료집단 활동 (혁신) 장면 정보계 (지혜)
	구조

동료집단 활동을 위한 인재
(경영마인드를 지니고 있다)

1. 진정한 문제점이 보인다.
2. 바람직한 형태에 대한 이미지를 그릴 수 있다.
3. 동료가 만들어진다.
4. 전개 시나리오를 그릴 수 있다.

도요타의 습관

1. 상대방의 얘기를 성실하게 듣는다.
2. 무엇이 문제인지를 생각한다.
3. 격려한다, 제안한다.
4. 어떻게 하면 이길 수 있을지, 아이디어를 짜낸다.
5. 의논한다.
6. 사실을 토대로 한다. (현장/현물주의)
7. 우선은 해본다. (불가능하다고 해도)

〈회의가 경쟁력이다〉와 함께하는 e-러닝 서비스!

■ 과정소개
기존의 형식적인 회의를 보다 창조적인 회의로 만들 수 있는 방법을 학습한다.
삼성의 회의방법을 통해 올바른 회의문화를 익히고, 선진기업의 회의문화를 벤치
마킹하여 회의를 개혁 및 변화시켜 올바른 회의문화를 정착시킬 수 있도록 기획
되었다.

■ 과정개요
- 교육기간 : 1개월 (16시간) – 고용보험 환급과정
- 교 재 : 〈회의가 경쟁력이다〉 제공
  - 학습방법 : 웹기반 학습(80%), 동영상 강의(20%)
  - 학습환경 : Pentium III PC, RAM 255M 이상 권장

■ 학습대상
- 회의문화를 새롭게 정립하고자 하는 임직원
- 선진기업의 회의문화를 도입하고자 하는 임직원 (업무, 직종을 막론함)
  * 본 도서는 2008년 8월부터 교재로 사용됩니다.

■ 학습목표
- 삼성의 회의문화를 익히고 다양한 회의 진행방법을 습득하여 자사의 회의
  문화에 적용, 실천할 수 있다.
- 선진기업의 회의문화를 벤치마킹함으로써, 자사의 회의문화 개혁 및 변화
  의 필요성을 인지하고 새로운 회의문화를 정립할 수 있다.

■ 과정 접속경로

www.e-campus.co.kr 에서 〈삼성처럼 회의하라〉를 검색!